RECORDAÇÕES DA MINHA FÉ

RECORDAÇÕES DA MINHA FÉ

Mario de França Miranda

Dados Internacionais de Catalogação na Publicação (CIP)
(Câmara Brasileira do Livro, SP, Brasil)

Miranda, Mario de França
  Recordações da minha fé / Mario de França Miranda. – São Paulo: Paulinas, 2021.
  216 p.

  ISBN 978-65-5808-044-2

  1. Fé (Cristianismo) 2. Teologia 3. Doutrina cristã I. Título II. Série

21-0033   CDD 234.2

Índice para catálogo sistemático:
1. Fé cristã   234.2

Angélica Ilacqua – Bibliotecária – CRB-8/7057

1ª edição – 2021

Direção-geral:	*Flávia Reginatto*
Editores responsáveis:	*Vera Ivanise Bombonatto*
	João Décio Passos
Copidesque:	*Ana Cecilia Mari*
Coordenação de revisão:	*Marina Mendonça*
Revisão:	*Equipe Paulinas*
Gerente de produção:	*Felício Calegaro Neto*
Capa	*Tiago Filu*
Projeto gráfico:	*Ana Claudia Muta*

Nenhuma parte desta obra poderá ser reproduzida ou transmitida por qualquer forma e/ou quaisquer meios (eletrônico ou mecânico, incluindo fotocópia e gravação) ou arquivada em qualquer sistema ou banco de dados sem permissão escrita da Editora. Direitos reservados.

Paulinas
Rua Dona Inácia Uchoa, 62
04110-020 – São Paulo – SP (Brasil)
Tel.: (11) 2125-3500
http://www.paulinas.com.br – editora@paulinas.com.br
Telemarketing e SAC: 0800-7010081
© Pia Sociedade Filhas de São Paulo – São Paulo, 2021

A meus pais, Maria Lydia e Sidney,
testemunhas de vida para os demais.

Sumário

Prefácio 9
1. Crer em Deus 11
2. O Deus de Jesus Cristo 33
3. Em que consiste a salvação cristã? 55
4. Quem é Jesus Cristo? 79
5. A Igreja somos nós 101
6. Eucaristia, a ceia do Senhor 125
7. O cristianismo em transformação? 143
8. O ser cristão como processo 167
9. Como rezar? 183
10. Por que a opção pelos pobres? 199

Prefácio

Depois de muitos anos dedicados ao estudo e ao ensino de teologia, veio-me a ideia de expressar de modo muito pessoal algumas verdades da fé cristã a partir de minhas leituras e de minhas experiências como cristão. E isso realizado de um modo espontâneo, a saber, o que me ocorria no momento de escrever, sem preocupação com uma sequência lógica, ou mesmo sistemática. Sendo assim, alguns temas do rico patrimônio cristão não serão mencionados explicitamente.

Trata-se de uma leitura pessoal, portanto limitada, da fé cristã, depois de muitos anos de convivência com a teologia, de luta diária para ser cristão, de experiências positivas ou não com a Igreja, de contato estimulante com autênticos cristãos, de preocupação crescente com o futuro do cristianismo, de intervenções imprevistas do Espírito Santo em minha vida, do conhecimento realista de minha fragilidade que me fez reconhecer um Deus misericordioso, cujo mistério infinito desacredita *a priori* qualquer tentativa de reduzi-lo a um conceito, mas que é sem mais alcançado por quem ama realmente, como já afirmou o evangelista João (1Jo 4,7).

A liberdade pretendida com relação aos temas tratados aparece já na disposição das ideias no interior do texto. Pensamentos, afirmações, ênfases, críticas, anseios, são apresentados soltos, embora em conexão com o tema do capítulo. Eles procuram evitar a linguagem teológica mais acadêmica, embora nem sempre consigam. Também pedimos de antemão que o leitor nos perdoe as repetições que encontrar ao longo da leitura e que se devem à informalidade do próprio texto.

Que estas páginas, embora simples e imperfeitas, possam ajudar o leitor a compreender melhor a sua fé, a conhecer melhor a pessoa de Jesus Cristo, a captar melhor a ação do Espírito em sua vida, a invocar o Deus de amor infinito revelado por Jesus de Nazaré, e a estimar a comunidade eclesial de seguidores de Cristo da qual também faz parte. E, assim, viver sua fé não no temor e na angústia, mas na alegria e na paz. É bom ser cristão, caminhar pela aventura desta vida, não como cego, mas conhecendo seu sentido profundo, a saber, fazer o bem, levar vida aos demais, amar o semelhante, humanizar a sociedade, colaborar para o advento do Reino de Deus como verdadeiro discípulo de Cristo. Deste modo, o cristão estará construindo sua felicidade futura na vida eterna em Deus.

1. Crer em Deus

A fé não está circunscrita apenas ao âmbito da religião. Existe também o que poderíamos chamar de "fé antropológica". E a razão é simples. Já que o ser humano não consegue ter um conhecimento *completo e exaustivo* de toda a realidade, para então saber como conduzir sua existência e alcançar sua realização pessoal, a felicidade enfim, deve ele inevitavelmente acolher e se apoiar no conhecimento e no testemunho de outros. Com outras palavras, deve acolher de terceiros (familiares, contexto sociocultural etc.) seus valores e seus objetivos de vida. Todo ser humano vive desta fé.

Nenhum ser humano consegue justificar apenas racionalmente suas convicções e suas opções de vida. Todos nós somos fortemente influenciados pelo patrimônio cultural de nossos antepassados. Nosso esforço por clarividência se situa sempre no interior desta linguagem que constitui o nosso mundo. A *pretensão* dos iluministas dos séculos XIX e XX aparece-nos hoje como simplória e ingênua. Com pretensões de atingir a totalidade, eles não percebiam o limitado horizonte de compreensão de onde partiam e aonde chegavam. A história se encarregou de desmenti-los, ao apresentar sucessivamente novos cenários e novas problemáticas, reduzindo o alcance e o valor de suas conclusões.

Ter fé poderia significar à primeira vista uma desvantagem, uma condição inferior, uma saída oportuna diante dos problemas da vida, sobretudo das questões que a inteligência não consegue responder. Esta afirmação tanto desconhece não ser o homem apenas razão quanto o fato de que a fé goza de uma *luminosidade própria* que não pode ser reduzida a argumentos de cunho racional. Temos hoje uma consciência muito lúcida acerca dos limites do racionalismo, uma vez que todo exercício da razão se realiza sobre um solo histórico, sobre uma tradição linguística, sobre uma bagagem cultural que não podem ser racional e plenamente justificados. Este é o contexto no interior do qual a razão se exerce, o qual está em contínua evolução, como nos demonstra a história da humanidade.

Por outro lado, sabemos que o ser humano não chega ao conhecimento apenas pela razão, já que ele é dotado de outras faculdades como a *afetividade* e a *liberdade*. Já foi afirmado que o coração tem razões que a própria razão desconhece, e a atual temática sobre a inteligência emocional confirma a importância da afetividade no próprio conhecer. Igualmente a liberdade que se compromete numa opção concreta, experimenta uma clarividência ausente, antes da mesma se exercer. Já dizia Santo Agostinho: se verdadeiramente quer conhecer alguém, ame-o. Temática importante que exige voltarmos a ela mais adiante.

A razão humana se encontra desafiada por uma realidade cuja existência não consegue justificar racionalmente. Toma então consciência da *contingência* desta realidade que aponta toda ela para o que a chamou à existência, embora fundamentalmente distinta do que a explica. Assim, o vocábulo "Deus", tão empregado nas religiões, apenas diz que ele é aquele sem o qual nada existe. Ele está subjacente às causas naturais, aos eventos históricos, à hipótese evolucionista.

Embora inalcançável pela razão, ele recebeu *representações errôneas* como a do deísmo que o via como um Deus longínquo, prisioneiro nos limites da razão como elo supremo de uma cadeia de causas, ou simplesmente como ideal moral da humanidade, ou ainda como Deus tapa-buraco que emergia quando a ciência não chegava e sumia onde ela penetrava. Até dos próprios cristãos surgiram imagens deformadas de Deus: controlador incansável, juiz severo, adversário de mudanças e só presente na desgraça e no sofrimento.

Também a tendência atual em considerar "racional" apenas o *conhecimento científico* dos fenômenos que passam pela prova da verificação empírica desautoriza todo um campo do saber não submetido a tais limites, mas que igualmente parte de princípios e obedece às regras de demonstração. Deste modo, as diversas racionalidades (físico-matemática, econômica, política, histórica, sociológica, psicológica, ambiental, cibernética), com objetos e métodos próprios, negam a qualquer outra modalidade a garantia de conhecimento real e objetivo. E, como sempre pensamos e conhecemos no interior de um "horizonte de compreensão" que determina nosso modo de olhar a realidade, esta perspectiva de leitura, hoje dominante, lança fora de seu campo visual o não verificável empiricamente, considerando-o inexistente ou sem interesse.

Entretanto, este posicionamento deixa *sem resposta* uma série de questões vitais para o ser humano como o problema do mal, do sofrimento, do sentido da vida, da morte inevitável, do anseio de imortalidade. Este silêncio tenderá a ser preenchido por crenças irracionais de todo gênero ou por religiosidades fortemente emotivas, ou mesmo por um fundamentalismo que ofereça segurança e estabilidade numa época de transformações rápidas e sucessivas.

O discurso sobre Deus só pode começar quando perguntarmos pela *totalidade da realidade*: sua origem, seu sentido, sua finalidade. E aquele que é o responsável por toda a realidade não pode ser parte dela, mas deve necessariamente transcendê-la. Com outras palavras, Deus não pode ser "objeto" de nosso conhecimento, embora haja no ser humano uma abertura para este mistério, ainda que ambígua e imprecisa. Pois a noção de "infinito" acompanha sempre nossa atividade cognitiva e volitiva, pois, sem ela, seríamos incompreensíveis a nós mesmos, como observou Pascal. Queiramos ou não, somos seres voltados para o mistério da vida.

Esta constatação experimenta hoje uma maior *dificuldade* de aflorar à consciência de nossos contemporâneos, devido ao contexto sociocultural altamente secularizado, predominante na sociedade. Tudo é considerado no interior da ótica racional instrumental e produtiva que desconsidera âmbitos significativos da vida humana.

Importante é o que se revela eficiente e produz lucros, existe somente o que pode ser verificado e explicado pela lógica físico-matemática. O resto é sonho, mito, ilusão. Deste modo se nega qualquer realidade que transcenda o mundo sujeito aos nossos sentidos.

Uma cultura que rechaça uma *realidade transcendente*, um valor que supere pretensões imediatistas, uma referência última, acaba se perdendo no turbilhão de discursos e orientações das mais diversas, tornando-se refém do relativismo e do niilismo. Daí o domínio do consumismo, do hedonismo, do individualismo e do utilitarismo que caracterizam a atual sociedade ocidental. Emergem, então, a tolerância e a permissividade como valores modernos, mas, por outro lado, o vazio moral facilita a corrupção e a desigualdade social. Poderíamos acrescentar que a ausência de um sentido último para a vida pode explicar a fuga para as drogas, a busca por esoterismos e mesmo a elevada taxa de suicídios entre jovens de países mais desenvolvidos.

Outro fenômeno contemporâneo tem suas raízes neste quadro cultural. A sociedade, como nunca na história da humanidade, se apresenta enormemente complexa em toda a sua diversidade de especializações. Já que não se consegue conhecê-la como se gostaria e se sentindo impotente diante dos inúmeros e distintos desafios, o ser humano acaba por assumir uma atitude de *indiferença* e se refugia em sua vida particular. No fundo é uma reação de defesa diante do desconhecido em cujo interior vivemos. Sem dúvida, este fato implica uma omissão social, mas é o que podemos constatar.

Esta atitude de indiferença pode ser encontrada também no âmbito da religião, embora proveniente de outras causas. Seja de uma representação errônea de Deus, seja da linguagem arcaica da Igreja de difícil compreensão para muitos, seja de uma pastoral moralista que não considera como deve os condicionamentos humanos, seja da generosa oferta de caminhos salvíficos oferecidos simultaneamente pelas várias religiões. Estas são algumas causas da apatia ou *indiferença religiosa* hoje presente no cotidiano, sobretudo da geração mais jovem.

O escondimento de Deus tanto oferece espaço para o ateísmo ou para o agnosticismo quanto caracteriza a fé como opção livre do ser humano. Pois a experiência fundamental da transcendência de Deus é uma *interpelação* indeterminada e sujeita a diversas interpretações. Tanto o que crê como o que não crê se encontram inevitavelmente com o mistério da vida, do sentido último, do que denominamos Deus. A fé resulta de uma *opção da liberdade*, como igualmente o ateísmo que não consegue provar racionalmente a inexistência de Deus ou como o agnosticismo que não consegue refutar o teísmo ou o ateísmo.

O cristão é aquele que livremente responde à iniciativa salvífica de Deus. O acesso a Deus não é mediado pelo saber, mas pela fé que também goza de luminosidade própria, experimentada por aquele que crê. É uma opção que envolve *toda a pessoa*, pois parte do seu íntimo, do seu coração, como designa a Bíblia. Neste último as faculdades diversas ainda se encontram unidas, sendo que tanto a afetividade quanto a liberdade desempenham importante papel no conhecimento humano, como vimos anteriormente.

Enquanto opção livre, enquanto acolhimento do mistério, enquanto se deixar por ele determinar, enquanto não é apenas fruto da inteligência, a opção de fé é um ato de confiança, de entrega, de amor, que goza de uma *luminosidade própria* no interior da própria opção, que leva a razão a ultrapassar a si mesma, chegando, assim, o ser humano à sua realização última, que não está apenas no conhecimento, mas no *amor*. Não podemos ser reduzidos a uma máquina voraz por novos conhecimentos, numa busca sempre insatisfeita e frustrante. Somos mais. Ter fé é não só reconhecer a impotência da razão humana para oferecer um sentido último para a existência, mas acolher este sentido *concedido* pelo próprio Deus, dissipando, assim, o angustioso silêncio diante da questão: por que existe o que existe?

A fé implica, portanto, deixar que Deus determine minha vida fornecendo-lhe sentido e verdade. Mais do que desvendar quem é Deus em si, revela-me o que ele é para mim, a saber, a razão última de minhas adesões e decisões. Consequentemente, ele é *real* para mim não enquanto falo sobre ele ou represento-o de qualquer modo que seja, mas enquanto me decido e me comprometo com ele. Crescer neste compromisso significa crescer na vivência da fé. Para nós, cristãos, este compromisso foi realizado perfeitamente, e assim revelado para nós, na pessoa e na vida de Jesus Cristo.

Aqueles que ousam dar este passo sentem-se confirmados por sua própria vida na escolha que fizeram, embora esta não os imunize de possíveis momentos de dúvida ou de tentações relativistas, pois a fé que só tem certezas não é mais fé. À medida que tais obstáculos são vencidos, a fé se robustece e se aprofunda na existência pessoal do que crê, levando-o a uma *fé madura*, a saber, a uma vivência da fé que comprova ser o sentido da vida humana não se fechar em si mesma, mas sair de si e torná-la um dom para os outros. É a fé que liberta o ser humano da prisão de seu próprio ego, do confinamento em seu limitado saber, da presunção de ser o centro de tudo.

Este mistério em quem cremos é respeitado até quando a Bíblia nos fala da "revelação" de Deus, que não o desvenda, mas o confirma. Daí a sarça ardente (Ex 3,2), a coluna de nuvem (Ex 13,21), o trovão e o raio (Ex 19,9.16), a proibição de imagens (Ex 20,4) e do emprego do nome de Deus. As representações bíblicas de Deus demonstram uma pluralidade de características provindas de seu contexto histórico respectivo: míticas, sincretistas, proféticas, cananeias, sapienciais, utilizadas para configurar o Deus de Israel e distingui-lo dos demais. De fato, quando se fala de Deus, fala-se de quem é *Deus para nós*, do que experimentamos de sua ação salvífica, não de Deus em si.

Também em Jesus Cristo revelador do Pai (Jo 14,9), Deus não se submete à lógica humana (Mt 20,1-16), e se revela na fraqueza, no escândalo e na loucura da cruz somente aos que têm fé (1Cor 1,18-31). Portanto, também em Jesus Cristo permanece escondida a presença de Deus, que habita em luz inacessível (Rm 1,20; Cl 1,15)

e seus pensamentos são insondáveis (Rm 11,33). Portanto, para a Bíblia Deus é um *mistério inacessível* ao ser humano, é uma liberdade absolutamente soberana, que se revela como amor sem perder sua transcendência. Assim, a revelação é o desvelar-se do mistério de Deus como mistério. Quem crê não "sabe" mais sobre Deus, mas tem plena lucidez sobre o mistério de Deus e sobre a sua ignorância. Apenas experimenta a ação divina na história humana como amor e como mistério (1Jo 4,8-16).

Naturalmente nossa fé em Deus, enquanto cristã, tem seu fundamento em tudo aquilo que *Jesus Cristo* nos revelou de Deus, por suas palavras e por sua conduta. Invocava Deus como Pai (Lc 22,42) atestando ser Filho na obediência contínua e total à vontade de Deus, deixando-se dispor por ele e orientando para ele toda a sua existência. Jesus Cristo também viveu a fé em Deus, também experimentou tentações contra a mesma, mas foi fiel ao Pai até o fim de sua vida.

Examinando com mais cuidado esta fé de Jesus, constatamos que devidamente só a conhecemos quando consideramos sua missão de realizar e proclamar o que chamava de *Reino de Deus*. Pois sua fé em Deus, sua obediência ao Pai, era, portanto, levar adiante o projeto do Pai para toda a humanidade. Deste modo, a fé em Deus numa perspectiva cristã nunca é só uma afirmação intelectual ou teórica, mas implica o envolvimento da liberdade, o compromisso de vida com o *projeto de Deus para a humanidade*. Para o cristianismo, ter fé em Deus é aderir pessoal e vitalmente ao projeto do Reino, à luta por uma sociedade mais justa, solidária, fraterna e consequentemente mais feliz. O cristão crê num Deus envolvido na história humana, num Deus cuja atuação se resume a fazer irromper e crescer o amor entre os seres humanos através da ação de seu Espírito Santo. O cristão é, assim, um colaborador de Deus na história, pelo simples fato de ser cristão, independentemente de qualquer mandato outorgado por alguma autoridade.

Ter fé significa, portanto, sintonizar com o agir de Deus. E, como em Deus não podemos separar seu agir de seu próprio ser, então podemos confessar com São João que, partindo da ação amorosa de Deus (1Jo 4,9), é possível concluir que "Deus é amor" (1Jo 4,16) e que ter fé ou participar de sua ação salvífica significa "conhecer" a Deus porque Deus é amor (1Jo 4,8), ou também "permanecer em Deus" (1Jo 4,12). Estas expressões indicam que a fé vivida proporciona uma *autêntica experiência salvífica* descrita no Novo Testamento com termos de cunho afetivo e sensível: provar, saborear, sentir a consolação, a alegria (1Pd 2,3; Hb 6,4s; 2Cor 1,5; Rm 15,13).

Consequentemente, transmitir a fé a outra geração não significa comunicar um pacote de doutrinas ou de normas morais, e sim transmitir o próprio Deus vivo se doando a nós, agindo em nós em vista do Reino, estimulando-nos a viver a caridade e a viver para o outro, numa palavra, transmitir a *experiência gratificante* que trouxe sentido a nossa vida e realização a nossa existência. Portanto, é uma "fé que atua pelo amor" (Gl 5,6), fé comprovada pelo testemunho de uma vida cristã autêntica e pela coerência de sua conduta com a verdade confessada.

Naturalmente, uma coisa é a vida de fé e outra são suas expressões e práticas. Pois, dependendo do contexto sociocultural e dos desafios que aí enfrenta, a vivência da fé pode apresentar expressões e práticas múltiplas e diversas. Este fato resulta do esforço da Igreja em se fazer entender e ser aceita em contextos que apresentam outras linguagens e diferentes costumes. Esta *diversidade* já pode ser encontrada no Novo Testamento e não nos deveria espantar. E, sem dúvida, algumas expressões arcaicas e práticas obsoletas podem dificultar enormemente a transmissão da fé, sendo, por conseguinte, sua renovação um contínuo imperativo lançado à Igreja.

Estas mudanças sempre presentes ao longo da história da Igreja não atingem propriamente o que caracterizamos até aqui como "fé", enquanto esta consiste em determinar sua vida a partir de Deus, como nos mostra a vida de Jesus Cristo a ser assumida realmente por todo cristão. Aqui está o *núcleo* de nosso relacionamento com Deus. Entretanto, nossa fé em Deus deve ser expressa em doutrinas que a identificam e distinguem de outras expressões religiosas, em atos de culto que determinam como invocamos e reverenciamos a Deus, em normas éticas que definam o comportamento correspondente a esta fé por parte do cristão. Santo Tomás de Aquino afirmava que a *religião* não é a fé, mas é constituída pelos sinais da fé, imprescindíveis para uma fé que não fique restrita a um indivíduo, mas que seja partilhada por muitos outros, para uma fé que leva à formação de comunidades de fé, como se deu no início do cristianismo. A fé necessita destes sinais exteriores que a tornam mais consciente, mais forte e mais lúcida.

Grande *tentação* que assalta o cristão é dar maior importância às expressões "religiosas" e descurar sua vida de fé. Aceitamos as doutrinas, recebemos sacramentos, aprovamos as normas morais ou canônicas, mas temermos nos confrontar diretamente com Deus numa oração mais pessoal. Ou evitamos levar realmente a sério as repetidas exortações de Jesus Cristo sobre o desapego dos bens ou do poder, sobre a devida solidariedade humana com relação ao nosso próximo em necessidade ou mesmo atingido pelo sofrimento. Esquecemos que espiritualidades, sacramentos, mandamentos, existem em função de uma fé não apenas professada, mas realmente vivida. É através destas mediações que o Espírito Santo atua em cada um de nós, desde que não fiquemos presos ao que nossos olhos veem, mas saibamos atingir o mistério salvífico ao qual elas nos remetem.

Ter fé no Deus de Jesus Cristo não diminui, mas potencializa o ser humano. Pois Jesus Cristo deslocou o *sagrado* da esfera religiosa para o setor das relações interpessoais na vida cotidiana. Demonstrou que o acesso a Deus passa necessariamente pela conduta de cada um com relação a seu semelhante (Mt 25,31-46), de tal modo que a fé vivida não aliena o ser humano para um mundo ideal, mas o impele a melhorar *este mundo concreto* e dilacerado que experimenta e a eliminar qualquer elemento desumanizante aí presente. Hoje é fundamental que o Evangelho seja proclamado em toda a sua verdade, beleza e força atrativa. Portanto, ter fé no Deus de Jesus Cristo implica termos sido criados já com uma vocação bem determinada, a saber, sermos como Jesus Cristo:

construtores do Reino de Deus ao proclamarmos e realizarmos os valores de uma nova sociedade na fidelidade à ação do Espírito Santo em nós.

Ter fé não desvaloriza ou diminui nossa pessoa como, por vezes, é apregoado. Pelo contrário, pois na pessoa de Jesus Cristo o que impressiona é sua capacidade de acolher a todos, de ajudar os mais fracos, de levar esperança aos desanimados, de estender a mão aos pecadores, de transmitir vida para todos. Sem dúvida, foi alguém profundamente humano que veio ao mundo para nos manifestar nossa *autêntica identidade* como seres humanos. Daí também João afirmar: "Esta era a luz verdadeira, que vindo ao mundo ilumina todo homem" (Jo 1,9). Igualmente o Concílio Vaticano II assevera que "Cristo manifesta o homem ao próprio homem e lhe descobre a sua altíssima vocação" (GS 22). Pois não só assumiu nossa natureza abstratamente falando, mas mostrou ao longo de seus dias o que significa ser realmente humano.

Daí a *inquietude* própria do coração humano, que só em Deus encontra sua felicidade plena, daí a sede de Deus que brota de nosso interior, único capaz de apaziguar nossas dúvidas e agitações, de acolher nossas fraquezas e incoerências, de perdoá-las em sua infinita misericórdia. Naturalmente, a experiência desta sede já imperfeitamente saciada nesta vida, por parte daquele que vive sua fé, alcançará sua plenitude na vida definitiva em Deus.

Ter fé em Deus significa igualmente estar ciente e acolher esse dinamismo místico, essa *nostalgia de Deus*, sem que possamos dissolver o mistério de Deus aprisionando-o em nossas representações e objetivando-o em nossos conceitos. Deus está presente sem ser visto, é encontrado quando ainda o buscamos em meio a nossas incertezas e inseguranças, pois, por ser transcendente, ele não pode ser objeto do conhecimento e da vontade humana, mas é uma realidade que desencadeia um dinamismo na inteligência e na liberdade para mais conhecê-lo e desejá-lo. A busca nunca se detém, pois a Deus se encontra buscando-o sempre.

Ter fé em Deus significa viver já neste mundo a salvação que Deus nos oferece em Jesus Cristo e que nos capacita a aceitar pela ação do Espírito Santo. Pois essa salvação já está sendo constituída ao longo de nossa história por meio de nossas opções de cada dia que, afinal, constroem nossa personalidade, definem o sentido último que damos à nossa vida e determinam nossa resposta ao apelo de Deus pressentido em nosso coração. A salvação eterna é assim construída nesta vida, pois colheremos na eternidade o que semearmos no tempo.

Ter fé em Deus significa também estar dotado de um *olhar específico* em face da realidade, pois a fé nos abre um novo horizonte de compreensão diante dos fatos da vida. É uma chave de leitura que recebemos de Deus na pessoa de Jesus Cristo e que qualifica nossos conhecimentos. Pois, queiramos ou não, todo conhecimento resulta de uma interpretação da realidade a partir do nosso horizonte de compreensão. Daí a diversidade de leituras da realidade que deu origem às várias ciências, daí a diversidade das culturas com suas práticas respectivas, daí a diversidade das tradições religiosas ao lidar com a questão humana primordial sobre o sentido último da vida e da realidade. Enquanto cristãos, interpretamos os acontecimentos a partir de *Jesus Cristo*, contemplamos a realidade com o seu olhar, iluminados pela luz de suas palavras e de suas ações, chegando, assim, a um conhecimento que só a fé pode nos proporcionar. Naturalmente este fato nos capacita a termos avaliações, juízos e práticas que nos distinguem dos demais que não partilham nossa fé. Queiramos ou não, somos diferentes.

Ter fé em Deus, aderir à pessoa de Jesus Cristo, sempre acontece no interior da Igreja, pois só a Igreja tem a plenitude da fé, sendo nossa fé uma participação pessoal nessa fé comum da Igreja: é assumindo-a que o cristão pode afirmar com toda verdade: eu creio em Deus. Jesus Cristo não é apenas uma figura do passado, mas alguém que nos chega *vivo e atual*, transmitido pela fé e pelo testemunho da comunidade eclesial. Até os textos neotestamentários foram precedidos pela fé vivida da Igreja primitiva. Portanto, a compreensão correta dos mesmos não pode prescindir da fé da comunidade dos fiéis e ficar à mercê de interpretações individuais. A quantidade de disparates hoje emitidos sobre a pessoa de Jesus Cristo confirma o que afirmamos. Portanto, a fé é teologal em sua intencionalidade por se dirigir ao próprio Deus, mas em sua modalidade é eclesial, pois é a Igreja que garante a autenticidade de meu ato de fé.

A plenitude da fé presente na totalidade dos fiéis é garantida pelo Espírito Santo, responsável pelo *sentido da fé* (*sensus fidei*), que possibilita o consenso na fé de toda a Igreja e que a leva a crescer na compreensão da verdade revelada numa tendência contínua para sua plenitude. Portanto, esta fé é mais rica na vivência de fé da Igreja universal do que nas próprias expressões da teologia ou do magistério eclesiástico. Este sentido da fé é um conhecimento que decorre da sintonia de vida do cristão com a verdade revelada.

Note-se que esta experiência pessoal do cristão emerge de certo modo em sua consciência e irá se expressar sempre no interior de um contexto sociocultural com seus desafios e linguagens. Assim, uma insuficiente formação religiosa de muitos cristãos pode conviver com uma autêntica vida de fé, expressa de modos próprios, simples, ingênuos ou imperfeitos, mas que representa as mediações disponíveis para seu relacionamento com Deus. A simplicidade da expressão não nos deve iludir sobre a autenticidade da fé vivida pelos mais simples e conhecida como "religiosidade popular". De fato, nela se percebe uma autêntica *intencionalidade* da fé para Deus que ultrapassa as expressões e práticas que criticamente consideramos simplórias e inexatas.

Pelo fato de vivermos numa sociedade pluralista na qual convivem mentalidades e etos dos mais diversos, na qual a proximidade das tradições religiosas e culturais não as fazem desaparecer, mas, pelo contrário, as reforçam, não mais dispõe a Igreja de uma linguagem universal para a proclamação da fé cristã. Problema muito sério, pois expressões ou práticas erradas podem obscurecer a própria verdade evangélica. O desafio da *inculturação da fé* constitui hoje uma tarefa primordial para o cristianismo. De fato, somente uma fé expressa no interior de uma cultura específica pode ser devidamente entendida, praticada e vivida pelos membros desta cultura. Teríamos que nos acostumar, depois de um período de forte centralização e uniformização linguística, a aceitar o que foi uma constante no primeiro milênio do cristianismo, a saber, a unidade da fé que não excluía a diversidade plural de expressões doutrinais e litúrgicas.

Devido a este mesmo contexto pluralista, no qual a multidão de discursos diferentes acaba por enfraquecê--los e relativizá-los, ganha força como linguagem acessível a todos o *testemunho de vida*. Aliás, nossa fé num Deus inacessível e transcendente está toda ela fundamentada no testemunho de Jesus Cristo (Mt 11,27), revelador de Deus, a quem invocava como seu Pai (Jo 14,9). Portanto, cremos não num Deus em geral, mas no Deus de Jesus Cristo. E mais ainda. Nossa fé é também apostólica porque baseada no testemunho dos apóstolos sobre a vida (At 3,15) e a ressurreição de Jesus (Lc 24,48; At 3,15).

Devemos ainda reconhecer que temos fé devido ao testemunho de outros cristãos que foram referências importantes em nossa vida, como nossos pais, parentes, educadores, para mencionar alguns. Por viverem e testemunharem sua fé, a pessoa de Jesus Cristo não era uma recordação histórica de um personagem insigne do passado, mas alguém que determinava, orientava e dava sentido a suas vidas, alguém que se manifestava vivo e atual em suas existências. Podemos mesmo dizer que o *testemunho de vida* coerente apresenta uma linguagem que toca a todos, de quaisquer culturas ou religiões. A história nos demonstra o impacto causado em seus contemporâneos pela figura de um Francisco de Assis ou de uma Madre Teresa de Calcutá. Numa sociedade marcada pelo individualismo ou pela lógica utilitarista ou ainda pelo afã consumista, exemplos de gratuidade, de solidariedade, de compaixão, de partilha, de compromisso pelos pobres proclamam mais do que por palavras a presença atuante de Deus na humanidade.

Uma vida de fé é uma *vida qualificada*, uma vida que irradia e contagia, uma vida que leva outros a seguirem-na, uma vida que influi na família, no âmbito profissional, na própria sociedade. Vida voltada para valores substantivos, humanizadores, geradores de fraternidade e de justiça. Mas é preciso querer viver esta aventura com seriedade e coerência, não se contentando com confissões e práticas religiosas não comprovadas na vida concreta.

2. O Deus de Jesus Cristo

Devemos ter consciência de que, quando utilizamos o vocábulo "Deus", apenas estamos nos referindo a um *mistério* que ultrapassa a inteligência humana, que não pode ser por ela subjugado, definido, delimitado, tornado transparente. A razão última de toda a realidade não pode ser encontrada como mais um componente da mesma. Transcendendo tudo, encontra-se em tudo.

Até na Bíblia, que relata a revelação de Deus, o mistério de Deus permanece e é reafirmado. Pois Deus manifesta sua presença atuante através de sinais, como a sarça ardente (Ex 3,2), a coluna de nuvem (Ex 13,21), o trovão e o raio (Ex 19,9.16). Daqui se entende a proibição de imagens (Ex 20,4), pois, para a época, a divindade estaria presente na imagem, o que contradiria a transcendência de Javé. Nem o nome de Deus deveria ser pronunciado, pois saber o nome já implicava ter poder sobre a divindade. Deus é aquele que *acompanha* seu povo ao longo da história, demonstrando, assim, sua fidelidade e sua verdade juntamente com sua liberdade soberana.

Portanto, para a Bíblia, Deus é um mistério inacessível ao ser humano, é uma liberdade absolutamente soberana que se revela como amor, sem perder sua transcendência. Assim, a revelação é o *desvelar-se do mistério* de Deus como mistério. Aquele que crê não sabe mais sobre Deus, mas tem plena lucidez sobre o mistério de Deus e sobre sua própria ignorância. Consequentemente, mesmo revelado por Jesus Cristo, Deus é afirmado como invisível (Cl 1,15), habitando numa "luz inacessível" (1Tm 6,16), cujos "julgamentos são insondáveis e impenetráveis seus caminhos" (Rm 11,33).

O escondimento de Deus tanto oferece espaço para o ateísmo quanto desmascara sua pretensão de combater certa representação de Deus, tanto possibilita a atitude agnóstica quanto caracteriza a fé como opção livre do ser humano. Pois este escondimento de Deus aponta para a experiência fundamental da transcendência, a saber, a abertura ao infinito, própria do espírito humano, enquanto *interpelação* indeterminada e sujeita a diversas *interpretações*. Tanto o que crê como o que não crê se encontram inevitavelmente com o mistério da vida, do sentido último, do que denominamos Deus. Para o cristão, este mistério é interpretado e experimentado à luz da pessoa de Jesus Cristo.

Como todo conhecimento se dá necessariamente no interior de um *horizonte de compreensão*, pode este horizonte se constituir num obstáculo ao acesso a Deus. Seja um horizonte adulto confrontado com expressões e experiências infantis de Deus, seja o horizonte limitado da ciência empírica que só aceita o que é objeto de experiência ou de verificação, excluindo mesmo a possibilidade de outras perspectivas de acesso à realidade, seja, enfim, um horizonte ideológico que ameace sua leitura exclusiva da realidade. Entretanto, sabemos por experiência que a realidade por nós vivida é bastante complexa, irredutível a apenas uma determinada interpretação de si mesma. E não é nada fácil ultrapassar as fronteiras do próprio horizonte e acolher outros que nos são menos familiares, que nos desconcertam e abalam nossas certezas. Impõe-se aqui uma autêntica conversão de cunho intelectual, se não quisermos permanecer prisioneiros de nossa limitada perspectiva de conhecimento.

De qualquer modo, enquanto uma realidade que abrange a totalidade do que existe, Deus se mostra necessariamente como um mistério para o ser humano, inacessível aos nossos sentidos e à nossa inteligência, rebelde a qualquer definição, como aquele que nos escapa quando pensávamos tê-lo conhecido e encontrado. Mais do que um objeto de conhecimento, Deus é uma realidade que desencadeia um dinamismo na inteligência e na liberdade para mais conhecê-lo e desejá-lo. Portanto, nosso acesso a Deus, como mistério que tudo transcende, é sempre *busca contínua*, nunca possessão. Pois a Deus se encontra buscando-o sempre. Talvez a questão não esteja tanto em buscar a Deus quanto em se colocar numa disposição que o permita se manifestar, pois mais verdadeiramente é Deus quem nos busca.

Os primeiros cristãos entendiam sua fé como uma *modalidade de vida*, como uma realidade presente e atuante em seu cotidiano. Deste modo, Deus estava presente e atuante como aquele ao qual se dirigia esta fé viva, como a luz que orientava seus passos, como a força que sustentava suas opções. Posteriormente, por pressão do entorno pagão e do perigo das primeiras heresias, ele foi se tornando mais expressão doutrinal do que vida real.

A hegemonia da *representação de Deus* sobre a *vivência em Deus*, tal como a observamos hoje, propicia sucessivas crises no cristianismo com relação a Deus.

Entretanto, o problema não é propriamente Deus, e sim suas representações que se tornam arcaicas e pouco dizem às novas gerações.

Infelizmente a história do cristianismo nos apresenta *representações inadequadas* ou mesmo errôneas, algumas delas ainda presentes em nossos dias e que, sem dúvida, constituem um sério obstáculo para a fé em Deus. Conhecemos a imagem amedrontadora de um Deus juiz e controlador de nossas vidas, de um Deus distante e ausente do mundo, de um Deus que incita e justifica uma santa violência, de um Deus tapa-buraco quando a ação humana se demonstra impotente, de um Deus que canoniza a mesmice e se opõe à mudança, de um Deus ciumento com as conquistas da ciência e da técnica, de um Deus concebido à nossa imagem e semelhança, de um Deus cuja presença só é pressentida em ocasiões de sofrimento e de desgraça.

Quando pensamos em Deus, logo o imaginamos como todo-poderoso exatamente por ser Deus. Sem dúvida, é uma de suas características presentes no Antigo Testamento. Para nós, cristãos, entretanto, tudo o que sabemos sobre Deus nos veio através de seu Filho Jesus Cristo (Mt 11,27). Portanto, podemos dizer que Deus se manifesta como Deus na pessoa de Jesus (Jo 14,7).

Consequentemente, a história de Jesus de Nazaré, sua vida de serviço aos demais, a cena do lava-pés, a própria impotência de Deus na paixão e morte de seu Filho no Calvário, questionam esta onipotência pleiteada pela filosofia. Portanto, duas representações que parecem em oposição. Mas, se Deus é amor, sua onipotência é a *onipotência do amor*, que não busca dominar, mas que se apresenta na humildade para vir em socorro dos que ama. Quando o maior se curva respeitosamente diante do menor, isto significa amor na plenitude de sua liberdade e de seu poder. Amor em excesso, amor divino.

Embora a linguagem sobre Deus indique que a presença atuante de Deus deva ser expressa, esta linguagem apenas aponta para uma presença que a ultrapassa, lançando-se num percurso sem fim, pois cada palavra dita se revela insuficiente diante do que se deva dizer, devendo ser dita *diversamente*. Pois, sempre que a humanidade sofre uma mudança de horizonte cultural ou uma transformação em seu sistema de pensar, ela julga que Deus desaparece de sua vida, por ver questionada sua representação de Deus anterior.

O dinamismo da inteligência que se dirige para além do que conhece, indica que a presença atuante de Deus se encontra já no próprio *coração humano*. O filósofo procura purificar este dinamismo, controlá-lo, corrigi-lo, completá-lo, decompô-lo, sem conseguir chegar ao seu núcleo, que extrapola o instrumental lógico empregado. É uma presença mais consciente do que sabida. Cabe-lhe, isto sim, reconhecer Deus que já estava ali presente, como o artista que não fabrica a escultura, mas desbasta a pedra que a escondia.

Acusa-se Deus de limitar, dominar, diminuir e alienar o ser humano. Mas é a fé em Deus, ao transcender e ultrapassar toda a realidade, exatamente o que impede o homem de absolutizar um sistema de pensamento, uma ideologia, uma organização social e política, questionando suas deficiências e limites, por se sentir movido pela nostalgia do infinito, do ilimitado, do perfeito. Paradoxalmente é a fé em Deus que faz do ser humano um *questionador incansável*, denunciando desumanizações ao longo da história humana e questionando suas próprias expressões imperfeitas herdadas do passado.

Mesmo reconhecendo que a crise da fé em Deus tem muito a ver com a linguagem, devemos observar, contudo, que o acesso a Deus não se limita a uma percepção restrita ao âmbito apenas do conhecimento, já que Deus diz respeito à totalidade da pessoa enquanto seu fundamento e sentido último, e, por conseguinte, se faz presente e atuante no mais *íntimo* de cada pessoa, na qual as diversas faculdades (inteligência, liberdade, imaginação, afetividade) se encontram ainda unidas. Portanto, a presença atuante de Deus pode ser captada não só pela inteligência, mas atinge também a afetividade profunda e ganha mais força quando a liberdade a acolhe na fé.

A linguagem bíblica é mais dirigida ao *coração*, núcleo central da pessoa humana, que constitui sua totalidade, e é atingida pela ação de Deus que a ilumina com sua luz, a consola com sua paz e a fortalece com seu poder, mesmo que ela não consiga traduzir perfeitamente em conceitos tal ação. Entretanto, enquanto ação salvífica do Deus do Reino, ela tende a comprometer a pessoa com o projeto do Reino, com a causa de Jesus Cristo, não se esgotando apenas em sentimentos, luzes, ou estímulos experimentados e ciosamente guardados pela pessoa humana. Esta via *existencial* para Deus não é monopólio dos místicos, mas patrimônio de qualquer cristão. Podemos mesmo afirmar que a nostalgia de Deus se encontra em todo coração humano, mesmo encoberta, deformada, reprimida ou rejeitada.

A atual temática concernente à inteligência emocional apenas confirma essa conclusão, já conhecida pelos antigos quando diziam que, para se conhecer verdadeiramente alguém, é preciso amá-lo. A opção da liberdade ilumina o exercício da inteligência. Portanto, só podemos captar *devidamente* a ação de Deus no interior da fé realmente vivida. E observemos ainda que essa ação, por ser de Deus, que é transcendente, se manifesta assim na práxis humana da fé, na caridade atuante. Pois aqui se dá uma sintonia entre a ação de Deus (Espírito Santo) na pessoa e a correspondente ação da mesma, portanto, experimentada no próprio amor fraterno realizado. Deste modo, o divino, em si inacessível, deixa-se pressentir no humano.

Valor inestimável do *testemunho* de fé de tantos cristãos, testemunho este que supre os discursos sempre inacabados e irradia mais fortemente a presença atuante de Deus na humanidade. Não só na vida de Teresa de Calcutá ou de Dulce dos Pobres, mas numa multidão anônima de seres humanos que realmente acolhem e cuidam de seus semelhantes em necessidade.

Deus é infinitamente simples: seu ser e seu querer se identificam. Desta forma, sintonizar com Deus significa sintonizar com seu querer, com seu projeto para a humanidade. Esse projeto amadurece ao longo dos séculos na história salvífica de Israel, alcançando seu ponto máximo e definitivo em Jesus Cristo, que o apresenta como a realização do *Reino de Deus*. Portanto, o compromisso com os valores do Reino de Deus, como aparecem nas palavras e nas ações de Jesus, é porta de acesso à presença atuante de Deus, é sintonizar com sua vontade, quer dela tenhamos uma consciência reflexa ou não. Quantos vivem na fidelidade a Deus, mesmo o recusando no discurso, por não disporem da linguagem adequada ou sucumbirem a preconceitos gerados por representações infantis ou falsas desse mistério divino.

Examinando-se com honestidade, a pessoa humana se descobre como alguém sempre a superar, transcender e questionar a realidade com a qual se depara, numa sede inquieta de mais saber e mais querer. A sede pela verdade, pelo bem e pelo belo não consegue ser saciada. Sua inteligência ao conhecer e sua liberdade ao optar percebem que podem ir além, não se limitando a um conhecimento concreto ou a uma opção determinada. Portanto, a pessoa se experimenta como que perpassada, dinamizada ou remetida a um *Infinito*, a um *Outro*, a um *Transcendente*, antes mesmo de tentar nomeá-lo. Essa experiência é anterior a qualquer discurso posterior sobre Deus.

Este dinamismo interior, este estar remetido de modo contínuo e irrefreável para o Transcendente, mesmo não refletido nem sistematizado, não constitui propriamente uma prova da existência de Deus, mas apenas fornece o *fundamento antropológico* para as religiões e as espiritualidades, podendo mesmo ser vivido e expresso fora das religiões. A mística, em seu sentido mais amplo, não é privilégio de alguns escolhidos, mas patrimônio de toda e qualquer pessoa. Compete a cada um dar atenção e desenvolver este componente de sua própria realidade humana, tarefa dificílima hoje por estarmos continuamente bombardeados e distraídos com dados e informações através dos modernos meios de comunicação.

A questão sobre Deus também surge quando perguntamos pelo *sentido da vida*. Pois nossa experiência do sofrimento, da morte, do tempo que passa, das nossas limitações, enfim, de toda a realidade que se nos afigura efêmera e contingente, constitui no fundo uma questão sobre o sentido da vida. Existe uma realidade que fundamente, explique, ofereça um sentido último aos significados e sentidos parciais e insuficientes que damos à realidade? Pergunta essencial para o ser humano que não consegue viver sem saber por que e para que vive. Pois só assim poderá orientar sua existência em direção ao que o realiza como pessoa humana, ao que constitui sua felicidade por atingir a finalidade de sua vida. Sempre que indagamos pelo sentido da totalidade da realidade estamos tocando na questão de Deus. É o fundamento de tudo e que não pode ser fundamentado. Ele nos é *doado*, já que não pode ser produção humana, e acolhido na fé ilumina nossos passos nesta aventura que é a vida humana.

Deus da inteligência e Deus da consciência, Deus da revelação e Deus da razão, Deus da natureza e Deus da história, Deus do ser e Deus do bem, Deus da reflexão e Deus da oração, Deus do filósofo e Deus do místico, Deus do coração e Deus do universo, Deus da tradição eclesial e Deus da meditação solitária, Deus absoluto e Deus pessoal, Deus da ação e Deus da contemplação. *Deus único* em seus múltiplos aspectos. Mas, sob todos eles, Deus continua um mistério, pois exatamente assim se revela como Deus: aquele que não pode ser definido a partir do que ele não é, a saber, a partir do mundo criado.

As diversas religiões oferecem doutrinas, orientações e metas para que possamos corresponder ao que caracterizamos como o sentido último de tudo. Enquanto inevitavelmente inseridas numa época histórica e num contexto sociocultural, elas se encontram *condicionadas* em sua linguagem e em sua práxis pelo seu entorno, o que vale para as religiões não só históricas, mas igualmente para as que brotam da própria interioridade da pessoa em busca da felicidade. Já que seus contextos sofrem transformações sérias e sucessivas, deverão também elas apresentar linguagens e práticas adaptadas aos novos desafios para corresponderem a sua finalidade, a saber, serem mediações históricas acessíveis para o Transcendente absoluto e inacessível.

A este imperativo histórico está sujeito também o cristianismo. Mesmo tendo seu núcleo na pessoa de Jesus Cristo, em suas palavras e em suas ações, já apresentou configurações diversas ao longo de sua história, exatamente para poder comunicar às sucessivas gerações e aos diversos contextos culturais sua mensagem de sentido e de salvação. Neste sentido, reconhecemos uma forte influência da filosofia grega na representação cristã de Deus, tanto positiva como negativamente. Daí certa tensão, que não pode ser negada, entre o *Deus dos filósofos* e o *Deus da Bíblia*, tensão esta hoje mais amenizada pelo uso dos modernos métodos histórico-críticos que apontam para gêneros literários diversos presentes nos textos bíblicos.

Jesus Cristo, ao concentrar sua atividade na proclamação e na realização do que chamava de *Reino de Deus*, atinge de certo modo a identidade de Deus. Não do que Deus é em si, mas no que revela de si em seu projeto de vida para a humanidade. Pois o projeto do Reino de Deus não era propriamente seu, e sim daquele que ele chamava de *Pai*. Pois em toda a sua existência foi perfeitamente fiel à vontade do Pai, à missão que o Pai lhe confiara em meio às ameaças, incompreensões e conflitos. Consequentemente, Deus aparece então como alguém que *entra e age na história* da humanidade, procurando orientá-la e movê-la para o advento de uma sociedade realmente fraterna, solidária, pacífica e feliz, que constitua assim a família de Deus. De fato, seja a lei e os profetas no Antigo Testamento, seja as diretrizes éticas de Jesus, de modo especial acerca da caridade fraterna, todas elas visam afinal à convivência humana feliz, embora ainda imperfeita nesta vida, mas plena na vida em Deus.

Portanto, a imagem do Deus de Jesus Cristo é a de um Pai que tem um projeto histórico para a humanidade. Não é a de um deus qualquer. Apresenta tal amor e identificação com o ser humano que atingir este último significa atingir o próprio Deus (Mt 25,40). Do mesmo modo, o ser humano constituirá a *mediação necessária* para o encontro com Deus (1Jo 4,20). Podemos também afirmar com base em Jesus Cristo que corresponder a Deus significa corresponder a seu projeto do Reino. Realmente um acesso a Deus *inédito* na história da humanidade e que relativiza o próprio culto a Deus (Mt 5,23s).

Consequentemente, ao contrário do que foi afirmado no passado, o cristianismo não é uma realidade alienante que desvia o ser humano de sua responsabilidade na construção da história. Pressuposto necessário de um *culto autêntico* a Deus está o serviço aos semelhantes, está uma vida comprometida com a construção de uma sociedade fraterna e justa (Mt 7,21). O amor incondicional de Deus pelo ser humano, independentemente de sua situação moral (Mt 5,45), se dá a conhecer inequivocamente em sua predileção pelos pobres e pelos destituídos de poder, manifestando-se, assim, como a última instância para socorrê-los em seus sofrimentos. A vida e as palavras de Jesus manifestam claramente que seu Deus, a quem chamava de Pai, apresenta uma indubitável opção pelos mais pobres.

Não seriam os pobres, os simples, os menos instruídos em temas religiosos, aqueles que melhor captam a presença atuante de Deus, já que praticam mais a ajuda mútua, a solidariedade, a compaixão, ações que mais verdadeiramente traduzem essa ação de Deus? Suas expressões podem nos parecer simplórias, mas, de fato, eles estão mais sintonizados com Deus que muitos sabichões de temas religiosos.

Quando alguém me diz que Deus o decepcionou por não atendê-lo em sua petição, eu me pergunto se esta pessoa apenas invocou um ídolo, criado a sua imagem e semelhança, para satisfazer seus próprios desejos. Pois o relacionamento correto com Deus consiste primeiramente em permitir que *Deus seja Deus*, em deixar que ele disponha de nossas vidas, em acolher de antemão seus desígnios salvíficos, mesmo que não os possamos compreender, e não em querer impor-lhe nossas limitadas aspirações.

Tudo o que podemos saber de Deus nos veio através da pessoa de Jesus Cristo. "Felipe, quem me vê, vê o Pai" (Jo 14,9). Se levarmos a sério estas palavras, a saber, que o que conhecemos deste mistério infinito, a quem chamamos Deus, nos foi revelado por Jesus, então teríamos que corrigir certas imagens de Deus, presentes no imaginário cristão do passado e de cunho mais filosófico do que bíblico. Pois Jesus se apresenta fraco, destituído de poder, misericordioso, profundamente afetado pelo sofrimento humano, como mostrou no encontro com a viúva de Naim (Lc 6,11-17) ou com a multidão abandonada "como ovelhas sem pastor" (Mc 6,34). Um *Deus misericordioso*, que ama o pecador previamente à sua conversão, possibilitando, assim, que ela se realize (Lc 15,20). Um Deus que manifesta sua onipotência no amor e no perdão, um

Deus apaixonado pelo ser humano e que necessita da sua colaboração para a transformação da humanidade, como aparece já nos patriarcas e profetas do Antigo Testamento, alcança seu ponto culminante na humanidade de Jesus e se prolonga na vida de cada cristão, responsável por levar adiante o projeto do Reino de Deus.

As parábolas de Jesus do filho pródigo, da ovelha desgarrada ou da moeda perdida nos atestam a alegria de Deus pelo retorno do pecador. Subjacente a esta alegria está o desejo de Deus de que participemos de sua felicidade, de sua alegria infinita. Daí que Deus, em sua relação conosco, *pode sofrer* por compaixão com nossa maldade e se alegrar com nosso bem. O desejo de Deus para cada ser humano se manifesta já na vida que lhe concedeu e no próprio dom da fé.

Portanto, a imagem de Deus anunciada e vivida por Jesus é a de um Deus que promove a vida, a saúde e a felicidade, de um Deus que busca melhor qualidade de vida para as pessoas, de um Deus que se identifica com os mais excluídos, de um Deus que promove uma sociedade mais justa e humana, de um Deus que nos oferece gratuitamente a salvação, a qual já tem início nesta vida, como demonstram as ações de Jesus a favor dos necessitados. Entretanto, *Paulo*, que não conheceu

Jesus em vida e que escreveu suas cartas bem anteriormente à redação dos Evangelhos, irá ter uma influência decisiva no cristianismo nascente a partir de uma imagem de Deus mais própria do judaísmo, no qual foi educado, e que de certo modo contrasta com o que anunciou Jesus.

De fato, ao exigir a paixão e morte de Jesus como condição para recebermos o perdão e a salvação de Deus, Paulo permanece nos quadros do Antigo Testamento que exigia o *sacrifício de uma vítima* para a reconciliação com Deus, sacrifício este concretizado no ritual religioso executado no templo em Jerusalém. Entretanto, Jesus Cristo se preocupou mais com os pobres e pecadores, insistindo mais na misericórdia e não nos sacrifícios (Mt 9,13; 12,7). Daí podermos deduzir que, para Jesus, nos relacionamos com Deus através do exercício da misericórdia, que confere sentido e importância ao próprio culto e do qual não pode ser separado, como já anunciavam os profetas do Antigo Testamento (Is 1,10-17; Os 4,1s). É na caridade vivida, no cuidado com o outro, nas relações humanas de cada dia que encontramos Deus e correspondemos ao Deus de Jesus Cristo, ao Deus do Reino.

Consequentemente, o Deus de Jesus Cristo é encontrado mais verdadeiramente na vida cotidiana de cada um, em suas relações humanas, na sensibilidade e no cuidado que manifesta com os demais, sobretudo com os mais próximos, e no empenho por melhorar a situação dos mais necessitados. Portanto, *ter fé em Deus* não é se refugiar num mundo do além ou da interioridade, alheio às vicissitudes desta vida, mas assumir sua responsabilidade na construção dessa sociedade querida pelo Deus do Reino. As práticas religiosas se justificam se nos ajudam a assim viver, são *mediações para* e não objetivos de vida, podendo dissimular e mesmo ocultar um interior egoísta e vaidoso, como Jesus censurava nos fariseus.

Na pessoa de *Jesus Cristo* o mistério de Deus se desvela, mesmo salvaguardando sua transcendência. Ao ser "a luz verdadeira que ilumina todo homem que vem ao mundo" (Jo 1,9), ao ser "o primogênito de toda criatura porque nele foram criadas todas as coisas" (Cl 1,15s), por termos sido criados em Cristo (1Cor 8,6), temos nele a nossa *matriz*. Em outras palavras, Jesus Cristo nos desvela o sentido último da vida humana e, portanto, sua realização e felicidade plenas. Deste modo, é o sentido e o caminho que nos leva à verdade e à vida (Jo 14,6). Quanto mais nos assemelharmos a Jesus Cristo, tanto mais concretizaremos em nossa vida a identidade última do ser humano (GS 22) e estaremos construindo na história a salvação feliz e plena com Deus.

Entretanto, para podermos alcançar este objetivo, Cristo nos envia seu Espírito, já que apenas entregues a nossas forças não o conseguiríamos. Este Espírito age em nós como agiu em Jesus, conduzindo-o a realizar o projeto de Deus na história, o projeto do Reino. Assim é o próprio Deus, presente em nosso interior na pessoa do *Espírito Santo*, que nos ilumina e fortalece para assumirmos a vida de Jesus, comprometermo-nos com os mais necessitados, lutarmos por uma sociedade mais fraterna e justa.

Deste modo, ao vir ao encontro do ser humano para levá-lo a uma vida plenamente feliz em seu seio, Deus se revela como Pai, Filho e Espírito Santo, *mistério salvífico*, não para ser objeto de especulações, mas para ser acolhido, experimentado e vivido em cada ser humano. Dito de um modo mais provocativo: ao se colocar a serviço do ser humano para salvá-lo, Deus se revela como Pai, Filho e Espírito Santo, embora termo algum criado possa corretamente defini-los ou entendê-los como são em si, restando-nos caracterizá-los pela respectiva atividade salvífica. Assim mais uma vez nos deparamos com o mistério de Deus.

Só encetamos uma caminhada para Deus, *movidos* pelo próprio Deus. Quando o descobrimos em nossa vida, ao refletirmos sobre nossas experiências passadas, ele já estava presente no início do processo, mesmo não reconhecido como tal. Só Deus nos possibilita caminhar para Deus e encontrar a Deus. É sempre o Espírito que nos leva a Cristo (1Cor 12,3) e é sempre Cristo que nos conduz ao Pai (Jo 14,6).

Aprendemos que Deus é amor (1Jo 4,8.16). Logo, amor aqui é *sujeito*, não atributo. É o amor que é onipotente, sábio, livre, bom, santo, misericordioso. Se Deus não fosse Trindade, não seria amor em si mesmo, pois cada pessoa trinitária está toda ela voltada para fora de si, seu ser mais profundo é doar-se a outro. Criados à imagem e semelhança de Deus (Gn 1,26), sendo Jesus Cristo a imagem perfeita de Deus (2Cor 4,4), do qual também devemos ser imagens (Rm 8,29), podemos afirmar que o sentido último da vida é viver como Deus vive, amar como ele ama, sentido este tornado acessível na vida de Jesus de Nazaré. Podemos dizer com Santo Agostinho: Deus é o amor que nos faz amar.

Como a ação do Espírito Santo é universal, devemos também afirmar sua atividade *fora das fronteiras* da Igreja e do próprio cristianismo. Todos aqueles que se empenham sinceramente para a realização de uma sociedade mais justa e fraterna, o fazem também movidos pelo Espírito de Jesus, sintonizando, assim, sua vida com o projeto de Deus Pai para a humanidade. Desse modo, também experimentam de certo modo a presença atuante de Deus, embora possam expressá-la diversamente ou mesmo negá-la conscientemente. A realização histórica do Reino de Deus sempre ultrapassa o que entendemos por cristianismo histórico.

Diante da fraqueza, da fragilidade, da inconstância humana e ciente como ninguém dos condicionamentos adversos que dificultam a prática cristã por parte de cada um, o amor de Deus se revela um *amor misericordioso*. Esse não rejeita o pecador, mas o acolhe dando-lhe nova oportunidade para endireitar sua vida (Jo 8,11). Revelado nas palavras e nas ações de Jesus, tem sua confirmação na experiência que fazemos ao longo de nossa vida: nos momentos de incoerências e de quedas, topamos sempre com um Deus misericordioso, fonte de paz e de confiança. É neste Deus que nós cremos.

3. Em que consiste a salvação cristã?

Podemos constatar que o ser humano, em meio às dificuldades, sofrimentos, frustações, injustiças e inquietações que *experimenta* ao longo de sua vida, aspira, anseia, e sonha sempre com uma existência na qual reine a paz, o amor, a fraternidade, a compreensão e ajuda mútua, numa palavra, com uma felicidade plena e duradoura. Todos os esforços e as conquistas da humanidade brotam desta exigência existencial, digam elas respeito à saúde do corpo, à formação das culturas, à organização sociopolítica, à dominação das ameaças da natureza, à criação de leis e tratados. Por detrás de todas estas realidades está o anseio humano de *reduzir* ao máximo o sofrimento e a infelicidade que experimenta neste mundo.

Neste cenário entram também os múltiplos padrões culturais, os diversos sistemas filosóficos, assim como as distintas religiões. Todos eles buscam oferecer uma bússola para orientar a pessoa humana na aventura da vida, procuram proporcionar ao viajante luz e motivação para sua caminhada. No fundo, todos tratam da importante questão do *sentido da vida*, pois os seres humanos, dotados de inteligência e liberdade, não se limitam a reações instintivas como os animais. Igualmente se defrontam com o fenômeno da morte, da qual o ser humano tem plena consciência e que lhe aparece como uma absurda contradição a seus anseios de vida.

Embora o exercício da razão humana tenha alcançado conquistas importantes para debelar fatores que surjam como obstáculos a uma vida feliz, como nos demonstra a história da humanidade, com leis e organizações sociais e, sobretudo, pelo advento e florescimento das ciências modernas, constatamos, contudo, que algumas questões centrais da existência humana só são respondidas pelas *religiões*. Por que existe o que existe? Por que nos deparamos continuamente com o mal e o sofrimento? Por que tudo termina com a inexorável morte? Podemos resumir as possíveis respostas numa simples afirmação: toda religião oferece o que conhecemos como *salvação*, embora a concebam de modo bem diverso, próprio a cada uma delas.

A tradição judeo-cristã apresenta uma característica específica quando trata da salvação: essa se dá na própria *história humana*. Portanto, não implica uma fuga da realidade instável para *outro mundo ideal*, nem exige que seu adepto, como em algumas religiões orientais, se submeta a uma árdua ascese para se desapegar do que lhe oferecem seus próprios sentidos, embora apresente concepções salvíficas mais complexas e de grande profundidade. Por outro lado, por acontecer no interior da história, também a salvação judeo-cristã, como toda realidade histórica, estará inevitavelmente sujeita a *interpretações diversas* e poderá experimentar uma *evolução* em sua compreensão.

Primeiramente este fato se explica pelas diversas experiências feitas por sucessivas gerações do que seja sofrimento como contrário à felicidade humana, mas também envolve a *ótica de leitura* de cada época, responsável por conceber o que seja salvação sem mais. Portanto, não nos deve surpreender que também a noção cristã de salvação tivesse experimentado acentos diversos em sua compreensão. Aceita essa premissa já se encontra justificada nossa exposição.

De um modo bem geral, podemos entender toda a Bíblia como a luta de Deus por fazer da humanidade uma sociedade feliz. A escolha de um povo para servir de modelo para uma sociedade humana, justa e fraterna, a vocação de Abraão, de Moisés, dos profetas, os preceitos do decálogo, os jubileus em vista de reparar as desigualdades sociais, a Torá, aparecem, todos eles, como meios indispensáveis para uma *convivência humana feliz*. O mal presente nas injustiças, nos abusos de poder, nas violências, não é omitido e é atribuído ao próprio homem que cede a seus egoísmos e paixões. Desconsiderando o mal físico, resultante das leis da natureza, podemos dizer que, na perspectiva da fé, o mal provém da própria liberdade humana, sendo caracterizado teologicamente como *pecado*.

Pecado no sentido cristão não é tanto infração a normas, mas fundamentalmente rejeição ao projeto de Deus de uma humanidade feliz, e mais propriamente um ato de *ingratidão* a Deus, que livremente nos chamou à vida para participarmos de sua felicidade. Ingratidão porque rejeita a iniciativa divina, o gesto primeiro e gratuito de amor de Deus por nós. Ao atingir nosso semelhante, o pecado atinge também a Deus, porque danifica o seu projeto para a humanidade, o projeto do Reino de Deus (Mt 25,41-46).

A Bíblia também nos ensina que a ação salvífica de Deus pela humanidade acontece sempre através de mediações humanas, as quais não só manifestam os desígnios divinos, mas também revelam, como sua *fonte*, o próprio Deus. Deste modo, os patriarcas e os profetas expressam a vontade de Deus, movidos pelo próprio Deus. Em Jesus Cristo e no testemunho dos primeiros cristãos, esta força é denominada "Espírito Santo". É ele que leva Jesus a sintonizar sempre com a vontade do Pai e que leva igualmente os cristãos a sintonizarem com a conduta de Jesus Cristo. O objetivo da ação do Espírito na liberdade humana é torná-la um instrumento para a realização de uma nova criação, de uma nova humanidade. Através desta ação, o ser humano consegue se libertar de suas inclinações egoístas voltadas para aquisições de bens, de prazeres e de poder, acarretando sofrimentos nos demais, e voltar-se para seus semelhantes, sobretudo para os mais necessitados.

O advento de uma era de paz e prosperidade na qual a fraternidade caracterizasse a convivência humana já era um anseio real em Israel, quando Jesus irrompe com sua proclamação do *Reino de Deus*. Através de suas ações e de suas palavras, irá demonstrar que esse Reino já se tornara uma realidade naqueles dias. Toda a sua pregação, como podemos constatar no sermão da montanha, buscava determinar as relações humanas como relações fraternas, desinteressadas, sensíveis à situação dos demais, enfim, relações marcadas pelo amor ao próximo. Se Deus quer a vida e a felicidade dos seres humanos, então a dinâmica do Reino de Deus é levar vida, dar vida, fazer crescer a vida, como aparece claramente nas curas, no perdão, no acolhimento de todos sem discriminação alguma, no cuidado especial com os mais pobres e marginalizados daquele tempo, como podemos constatar facilmente nas páginas dos Evangelhos.

Portanto, o *Reino de Deus* se realiza já no interior da história sempre que Cristo ressuscitado atua nos seres humanos através de seu Espírito, levando-os a assumirem em suas vidas a atitude de amor ao próximo que caracterizou a existência do Mestre de Nazaré durante sua vida terrena. Sempre que há uma opção pelo outro que implica necessariamente renunciar a seu interesse em prol do próximo, aí *acontece o Reino de Deus*. Não se exigem opções consideradas "religiosas", pois o Espírito Santo atua em qualquer cultura ou religião. Deste modo, a salvação cristã se destaca pelo seu caráter *universal*, dizendo respeito a toda a humanidade, a ser constituída como uma família que tem a Deus como Pai e Cristo como irmão. Ela *desloca* o local da salvação do contexto religioso para o âmbito da vida cotidiana, insiste nas relações interpessoais e, assim, contribui eficazmente para humanizar a sociedade.

Esta universalidade provém da própria conduta de Jesus ao se dirigir aos mais pobres, sofridos ou excluídos da sociedade de então, os quais nada mais possuíam a não ser o fato de serem *pessoas humanas* que nada tinham para retribuir. Sua conduta atesta o amor incondicionado de Deus por todo e qualquer ser humano, independentemente de sua situação moral (Mt 5,45). Com Jesus Cristo, o autêntico relacionamento com Deus, que implica a realização do Reino de Deus na história, se dará sempre através da *mediação do ser humano* (1Jo 4,20s). O Reino de Deus aparece, assim, como uma realidade dinâmica concreta, histórica, existencial, fortalecida ou enfraquecida pelas condutas reais dos seres humanos. Consequentemente estará sempre em gestação, sempre imperfeito nesta vida, pois depende do exercício da liberdade pessoal, respeitada sempre pelo próprio Deus. Assim, ao afirmar ser o cuidado real com o próprio semelhante o *critério salvífico decisivo* (Mt 25,34-40), o cristianismo *universaliza* decisivamente a salvação para toda a humanidade, libertando-a mesmo de uma filiação de cunho religioso.

Se tivermos presente que, com o termo metafórico de "ressurreição", estamos afirmando a eternização em Deus do que cada um fez de sua existência, de sua história, ou de sua pessoa ao longo de seus anos de vida, então não é apenas um corpo e uma alma que são salvos, mas *toda uma existência*, toda uma história que não exclui experiências pessoais vividas, nem aqueles que foram referências importantes em nossa vida. Já Cristo ressuscitado conserva as marcas de sua paixão, de sua história, de suas experiências nas estradas poeirentas da Palestina, de seus relacionamentos pessoais, de suas amizades, que constituirão seu mundo purificado e transfigurado. Só assim podemos falar de uma *felicidade plena*. O mesmo vale para a realização definitiva e perfeita do Reino de Deus na eternidade de Deus, na qual estará presente toda a história humana enquanto concretização do Reino de Deus, uma humanidade purificada e transfigurada, construída, porém, no decurso desta vida, nos anos da história, sem que possamos excluir desta plenitude do Reino de Deus nem mesmo o entorno vital do ser humano, que é a própria natureza (Rm 8,19-21).

O Reino de Deus como expressão da salvação na ótica da fé cristã inevitavelmente apresenta uma determinada *imagem* do próprio Deus. Pois esta expressão condensa toda a atividade salvífica de Jesus Cristo, que, por sua vez, apenas realizou e manifestou, numa obediência perfeita ao Pai, o projeto salvífico de Deus para a humanidade. Portanto, não mais um Deus distante, inacessível, fora deste mundo, mas um Deus envolvido na história humana, lutando por uma humanidade na qual suas criaturas possam ser felizes, na qual os sofrimentos e as desigualdades diminuam, para que todos possam viver mais plenamente e ser realmente felizes nos limites da condição humana.

Um Deus *sempre em ação* em homens e mulheres através de seu Espírito Santo, em vista de incutir amor, solidariedade, justiça, sensibilidade pelos mais desfavorecidos, contrariando as tendências egoístas de acúmulo de bens materiais, de poder e de prazeres imediatos à custa de seus próprios semelhantes. Um Deus que não é conhecido pela razão metafísica, mas que é de certo modo experimentado por todos os que assumem a causa do Reino, que sintonizam com o seu agir salvífico e humanizante. Como já havia observado São João: "Quem não ama não conheceu a Deus, porque Deus é amor" (1Jo 4,8).

O dinamismo divino na história humana que chamamos Reino de Deus envolve também que *ter fé em Deus* não significa aceitar a revelação de Jesus Cristo como uma opção na ordem do conhecimento, mas, sobretudo, sintonizar sua vida com o projeto do Deus do Reino, do Deus comprometido com a salvação da humanidade, dando, assim, sua contribuição para o crescimento deste Reino que, no fundo, constitui o que denominamos, sem muito refletir, "ser cristão". A salvação cristã, enquanto implica uma realidade acontecendo no interior da história e enquanto pressupõe a colaboração humana, não admite uma fé que se limite a "práticas religiosas" ou adesão a um legado neutro de uma cultura cristã. Com outras palavras, para o cristianismo, fé e vida não podem estar separadas ou justapostas. Caso contrário, adoramos representações de Deus que não traduzem o que nos legou Jesus Cristo, o único que conheceu realmente Deus (Lc 10,22), ou invocamos "ídolos" que mais correspondem aos nossos interesses.

Julga-se hoje, devido ao fato de que a mensagem e o comportamento de Jesus Cristo fundamentam o advento de uma sociedade justa e fraterna, ou seja, a convivência de todos na paz e no respeito mútuo, que a pessoa do Mestre de Nazaré, quando alude ao Reino de Deus, está afinal promovendo apenas um *humanismo*. Daqui alguém poderia inferir que evangelizar é, no fundo, humanizar. Seria o cristianismo apenas um humanismo? Pois hoje se fala de um humanismo imanente, fechado a qualquer transcendência, limitado apenas à razão humana.

Podemos concordar que o cristianismo é também um humanismo, porém, *qualificado*, digamos autêntico. Os demais deixam, enquanto construções do próprio ser humano, várias questões sem resposta. Questões que dizem respeito ao *sentido* da vida, da história, do mal, do sofrimento e da morte. E os valores "humanos" que apresentam devem sua existência, afinal, ao próprio cristianismo. Pois a razão humana reflete sempre a partir de um solo histórico, de uma tradição cultural passada. As noções de liberdade, fraternidade e igualdade já estavam presentes no próprio anúncio salvífico de Jesus Cristo, constituindo, portanto, patrimônio da fé cristã. O que um "humanismo laico" rejeita não é propriamente o autêntico humanismo cristão, mas o indevido domínio da Igreja na época da cristandade, interferindo em setores da sociedade que propriamente não lhe competiam, desrespeitando a justa autonomia de tais setores (científico, social, político, familiar), e impedindo, deste modo, que o humanismo autêntico, presente no cristianismo, pudesse se manifestar em toda a sua verdade e força.

Deixemos bem claro, logo de início: a força humanizante do cristianismo provém *de Deus*, não é criação apenas humana. Primeiramente porque ela se revela na entrada do próprio Deus na história humana na pessoa de Jesus Cristo, cuja humanidade teve que viver a aventura humana como qualquer mortal. Ele viveu-a na perfeita sintonia com o Pai, demonstrando, assim, não só o que é a realização da vontade de Deus, porém, mais ainda, o que é *ser homem*, realizar-se perfeitamente como ser humano correspondendo ao desígnio divino para todo e qualquer ser humano. Por isso mesmo o Concílio Vaticano II afirma que "Cristo manifesta o homem ao próprio homem e lhe descobre sua altíssima vocação" (GS 22). Portanto, Jesus Cristo é a *matriz* do próprio ser humano e, consequentemente, de um autêntico humanismo.

Entretanto, temos ainda outro argumento para a inviabilidade de qualquer humanismo fundamentado apenas em âmbito humano. Pois conhecer a verdade, ter clareza de objetivos, não significa sem mais realizá-los. Basta que conheçamos um pouco a história da humanidade. Porque lutar por objetivos humanizadores implica se opor às tendências egocêntricas, individualistas, possessivas, opressoras, encontradas em nosso interior, e presentes e atuantes na sociedade. Para que possamos levar adiante esta luta contracorrente, Deus vem em nossa ajuda com o envio do *Espírito Santo* que nos capacita a ir além do que poderíamos, levando-nos a fazer o bem e não nos deixando desanimar, pois sabemos que a última palavra sobre a história humana é de Deus e é uma palavra vitoriosa.

Portanto, o autêntico humanismo é cristão, é dom de Deus, nasce do humanismo de Jesus Cristo que nos incita por seu Espírito a continuarmos na história o projeto de Deus para uma humanidade feliz, fraterna e justa. Para isso somos cristãos, a saber, para levarmos adiante, ao longo dos séculos, a implantação do Reino de Deus, a construção de uma sociedade na qual a convivência humana possa fazer de toda a humanidade a família de Deus, pois todos são filhos do mesmo Pai que ama a todos (Mt 5,45). Este objetivo que já tem início nesta vida só chegará a sua *plenitude* na outra vida em Deus, na qual todas as realizações históricas do Reino de Deus serão purificadas, transfiguradas e eternizadas. A fé num Deus, que quer o nosso bem, em Cristo ressuscitado e na força do Espírito, nos faz correr a aventura do amor fraterno, nos impele para mais, nos possibilita *superar* nossos limites e podermos ser profundamente humanos porque profundamente cristãos.

Compreender a salvação cristã a partir do anúncio do Reino de Deus corresponde mais verdadeiramente ao pensamento judaico que concebia a salvação acontecendo já no *interior da história* e não remetida para outro mundo. A salvação já estava presente na missão de Jesus: "o Reino de Deus já está entre vós" (Lc 17,21), já estava acontecendo quando expulsava demônios (Lc 11,20). O Reino de Deus deve ser visível, como resulta da resposta de Jesus aos enviados de João Batista: "cegos recuperam a vista, coxos andam, leprosos são purificados, surdos ouvem, mortos ressuscitam, pobres são evangelizados" (Lc 7,22s). Portanto, uma salvação concebida apenas depois da morte não corresponde à fé cristã, embora a salvação aqui iniciada alcance sua *plenitude* na vida em Deus. Já vimos que esta plenitude não se limita ao indivíduo, mas abarca toda a sua história, tudo o que ele construiu de sua pessoa, suas relações, suas experiências, seu entorno humano, com todos que procuraram viver em sintonia com o Reino de Deus, constituindo a família de Deus na eternidade.

Entretanto, a noção de salvação aparece também com outras expressões no Novo Testamento, algumas das quais parecem contradizer o que até aqui afirmamos, como a expressão "Reino dos céus" (Mt 5,10) que significa simplesmente "Reino de Deus", pois no judaísmo nascente "céu" era uma expressão para designar Deus. Algumas delas tiradas de seu contexto bíblico irão fazer surgir concepções que não podem de modo algum ser aceitas pela fé cristã. De qualquer modo, as expressões que provêm principalmente de Paulo já demonstram as *inevitáveis interpretações* presentes nas Escrituras com relação ao evento Jesus Cristo. Dependendo do contexto, do imaginário social, das questões presentes, as interpretações podem ser oportunas e necessárias, prosseguindo sempre ao longo da história do cristianismo. Pois todo conhecimento, toda interpretação, trazem em seu bojo um quadro interpretativo prévio, que é contextualizado, particular, histórico.

Consequentemente, o fato de que os primeiros evangelizadores tinham como ouvintes judeus e pagãos, que concebiam a salvação como um *sacrifício* a ser prestado à divindade para aplacá-la pela oferta de vítimas ou sacrifícios expiatórios, fará com que a morte de Jesus, injusta, inexplicável, absurda, seja interpretada nesta mesma ótica. Acrescente-se a este imaginário religioso uma leitura de cunho jurídico pela qual a reparação deve estar à altura da ofensa feita à divindade, portanto, por alguém de condição divina. Pesou também a profecia de Isaías que alude ao "Servo de Javé" que "suportou nossos sofrimentos", "triturado por causa de nossos crimes", "o Senhor fez cair sobre ele todos os nossos crimes" (Is 53,4-6), que explicava o terrível *enigma* para os primeiros cristãos, a saber, como é possível uma morte tão vergonhosa, própria de criminosos, para alguém que passou a vida fazendo o bem.

Daí a afirmação do querigma primitivo de que "o Cristo morreu por nossos pecados" (1Cor 15,3), ou que "morreu por nós" (1Ts 5,10), ou ainda mais dramaticamente "Aquele que não conheceu o pecado se fez pecado por nós, para que nós nos tornássemos nele justiça de Deus" (2Cor 5,21). O sentido destas afirmações de Paulo é que Deus enviou seu Filho em vista da nossa salvação, da implantação do Reino de Deus, que acabou levando-o à morte. Não que o enviou para morrer em nosso lugar seja uma exigência de sua justiça, mas sim um dom de seu *amor primeiro* e eterno: amou-nos quando éramos pecadores (Rm 5,8).

Infelizmente uma compreensão errônea destes textos se imporá na tradição da Igreja, marcando hinos e devoções populares, pela qual Deus envia seu Filho ao mundo para morrer pelos pecados da humanidade e, assim, satisfazer em nosso lugar as nossas culpas. Naturalmente um Deus que exige um sacrifício sangrento de seu Filho nada tem a ver com o Deus revelado por Jesus Cristo como Pai. Pois Deus não necessita de sacrifício para nos amar, para desejar nossa felicidade. O sacrifício da cruz significa, isto sim, a seriedade e a radicalidade do amor de Deus pela humanidade que não poupa nem mesmo seu próprio Filho (Rm 8,32). Este levou sua missão até o fim, consciente das ameaças que sofria, mas *coerente* com o projeto do Pai de implantar na história o Reino de Deus. Fazer o bem, incutir mais vida, trazer paz, favorecer os mais necessitados, possibilitar a convivência fraterna na sociedade, transformar a humanidade na família de Deus, a este objetivo Jesus foi fiel até a doação da própria vida. Importante era iniciar um *novo modo de viver* a existência humana que deveria ser seguido por seus discípulos, concretizando, assim, na história o Reino de Deus. Confiou até o fim no Pai que permitiu o desenlace sangrento, sem criar uma exceção que descaracterizasse a vida de Jesus como um *protótipo de vida* para todos os seres humanos, na qual o amor fraterno constituísse seu sentido último.

E como somos seres sociais que dependem uns dos outros, já que interagimos continuamente com os demais e que nos influenciamos mutuamente para o bem e para o mal, a vida de Jesus tem certamente um alcance social que ultrapassa seus contemporâneos e abre na história da humanidade um *modo de existência* que contagia e arrasta outros em seu seguimento. Deste modo, a salvação, o Reino de Deus, vai se realizando no interior da história, constituída por todos, cristãos ou não, que também comprometeram a própria vida pela causa do Reino. Foram pessoas que injetaram amor e justiça na sociedade, que humanizaram mais a convivência humana, que transformaram o mundo dentro de suas possibilidades. Tudo o que realizaram em suas histórias, que contagiaram e estimularam outras histórias, não se perderá, mas será eternizado na vida plena em Deus. A salvação cristã leva a *criação à sua plenitude*, é a consumação da humanidade unificada, a ninguém excluindo que tenha vivido a aventura do amor fraterno.

Como Jesus realizou a salvação na fidelidade ao projeto do Pai guiado e fortalecido pelo Espírito Santo, assim também os que assumem sua vida estão sintonizando com o desígnio salvífico do Pai, guiados e capacitados pelo *Espírito Santo*, dom de Deus que nos diviniza e nos configura com Cristo (1Jo 4,13). A dolorosa experiência cotidiana, marcada pelas manifestações do egoísmo humano, nos demonstra que qualquer projeto de salvação para a humanidade jamais poderá ser alcançado recorrendo apenas ao engenho humano. E a história confirma esta verdade. Só a ação do Espírito Santo leva o ser humano a se ultrapassar, a ser realmente livre para amar, a construir a humanidade sonhada por Deus, condensada na expressão "Reino de Deus". "Se vivemos pelo Espírito, também conformemo-nos à sua ação em nós" (Gl 5,25). Deste modo, qualquer modalidade de autonomia salvífica apenas como realização humana se revela, por princípio, falsa.

Não se nega que ideologias, concepções políticas, sistemas econômicos, recursos da medicina, terapias psicológicas, filosofias de vida, utopias dinâmicas, progressos científicos, tenham sentido em si mesmos e muito contribuam para uma humanidade mais feliz. Apenas se aponta para uma verdade mais fundamental: a liberdade humana, da qual depende a convivência de todos, não consegue por si mesma superar suas inclinações egocêntricas e desumanizantes (Rm 7,18s).

Portanto, na realização da salvação é imprescindível a ação do *Espírito Santo*. Já presença atuante na vida de

Jesus, iluminando e fortalecendo-o em suas palavras e ações pelo Reino, ele continua a capacitar seus seguidores a assumir seu modo de vida, a saber, uma vida para os outros. Pois o ser humano tende a se voltar para si mesmo, a buscar continuamente seus próprios interesses, apresentando-se fragilizado diante de seus instintos, paixões e cobiças. Sem a ação do Espírito de Jesus, jamais poderiam os cristãos seguir os passos do Mestre de Nazaré, mesmo admirando e venerando sua pessoa como modelo para toda a humanidade.

Aqueles que conseguem, na fidelidade ao Espírito, concretizar em suas vidas os valores do Reino, já demonstram com *fatos* que a realização plena e definitiva deste Reino em Deus não é uma mera utopia, fruto da imaginação humana. Como o Reino se comprovou real na vida de Jesus por meio de suas ações (Lc 7,22s), assim também as opções altruístas de muitos cristãos permitem experimentar em si mesmos e irradiar para outros a realidade deste Reino.

Entretanto, deve ser dito com todo realismo que a salvação cristã vivida pelo ser humano será sempre uma *realidade conflitiva*. Pois a sociedade se orienta e se estrutura em torno de outros referenciais, sobretudo em nossos dias. Os artesãos do Reino contrariam e denunciam o individualismo, a hegemonia do fator econômico, a busca do lucro por quaisquer meios, o imperativo da eficácia, sempre que diminuam e sacrifiquem a pessoa humana, sobretudo os mais pobres e marginalizados. Deste modo, o cristão é e será sempre alguém *diferente*, cuja existência é uma crítica viva desta cultura reinante, daí ser, muitas vezes, por ela incompreendida, rejeitada e desmoralizada.

A salvação enquanto dom de Deus é também oferta do *sentido último* da vida humana e de toda a realidade. O ser humano não consegue viver sem se questionar sobre o "para que vive". A experiência dolorosa de sua própria fragilidade, a complexidade da realidade humana e social, as múltiplas interpretações em conflito, a consciência de sua contingência que deixa perguntas vitais sem resposta, as anomalias de cunho psicológico ou as desigualdades de cunho social as quais ele presencia diariamente, a brevidade de seus anos de vida em contraste com seus anseios mais profundos, são fatores que tornam a questão do sentido da própria existência uma *questão decisiva* para o ser humano mais consciente e crítico.

Para nós, cristãos, este sentido nos é *dado* por Deus na pessoa de Jesus Cristo, já que não podemos alcançá-lo como fruto do exercício de nossa razão, incapaz de responder a determinadas perguntas que nascem de dentro de nós. É fundamental para nossa liberdade saber em que direção devemos alinhar nossas opções e que objetivo precisamos perseguir por meio delas. A fé ao acolher este sentido provindo de Deus proporciona à pessoa uma *opção fundamental prévia* que atinge toda a sua vida e fornece razoabilidade e coerência a suas opções posteriores.

Entretanto, ao afirmar que o sentido último não é fruto da razão humana para satisfazer interesses próprios, mas *dom de Deus*, o qual é e será sempre um mistério para nós, já que Deus é transcendente e jamais poderá ser dominado, concebido e enquadrado pela inteligência humana, estamos afirmando que esta oferta de sentido deverá ser acolhida *livremente* pelo homem. Sua clarividência, sua luminosidade, sua consistência brotam da própria opção livre. Quando duas pessoas se amam, mesmo sem terem um conhecimento exaustivo uma da outra, ao se arriscarem na opção amorosa pela outra, percebem que atingem um conhecimento e uma segurança que apenas racionalmente não alcançariam. Naturalmente, nesta opção há uma entrega que não exclui o risco. Mas o amor, enquanto decorrente da liberdade, leva a própria inteligência a um maior conhecimento. Igualmente aquele que investe sua vida na causa do Reino de Deus não é poupado do risco, mas alcança uma certeza que brota da própria experiência resultante deste investimento, experiência que gratifica, satisfaz e plenifica o ser humano. A última palavra sobre a realização humana não se dá na linha do conhecimento, mas na arriscada *opção do amor*.

A salvação que já tem início neste mundo alcançará sua plenitude na *vida em Deus*. Este encontro com Deus jamais poderá ser expresso adequadamente, porque Deus é mistério para nós. Deste modo, a linguagem que tradicionalmente empregamos para falar da vida com Deus são símbolos, cujo fundamento, entretanto, está no que se passou com o próprio Jesus Cristo e que é também destino dos seus seguidores. Assim, a expressão "céu" apenas indica não um lugar, mas o "estar com Deus".

A salvação diz respeito ao ser humano em sua totalidade, corpo e alma, mas igualmente a sua pessoa, ou melhor, ao que cada um fez de si próprio ao longo de sua vida, ou, com outras palavras, à *totalidade de sua história* que não pode ser concebida com a precisão do próprio corpo e das experiências por ele proporcionadas. Tudo o que constituiu nossa história, sobretudo o que resultou do exercício de nossa liberdade, será salvo, pois formou nossa pessoa.

Entretanto, nenhum de nós vive uma existência isolada. Estamos inevitavelmente relacionados com nossos parentes, amigos, vizinhos, conhecidos, contemporâneos, sobretudo com aqueles que amamos. A ressurreição da carne implica toda esta gente que pertence a *nossa história*. Em sua ausência, não poderíamos ser realmente felizes na vida em Deus.

Mais ainda. A ressurreição de Jesus implica não só a salvação do mundo das pessoas, a salvação da história humana, mas também a realização plena de todo o *universo*. Não podemos conceber nossa vida futura, com toda nossa história, sem o mundo que constituiu nosso contexto vital. Juntamente conosco, toda a criação será libertada da servidão da corrupção na qual agora geme e agoniza, como expressa São Paulo (Rm 8,19-23). Não conseguimos *imaginar* como se dará este mundo novo em Deus, mas devemos afirmar que seremos salvos não deste mundo, mas *com* este mundo.

Portanto, a expressão "Reino de Deus", que já constitui uma realidade, embora imperfeita, nesta vida, terá sua realização perfeita na vida em Deus. A sociedade alternativa concretizada pelos seguidores de Cristo, a comunidade humana querida por Deus, a família de Jesus, constituirá a "nova Jerusalém" (Ap 21,9–22,5), a cidade celeste, a sociedade humana que acolheu a soberania de Deus e que assumiu a existência de Cristo. É o que imperfeitamente denominamos "céu".

Portanto, a vida eterna da pessoa constitui a colheita do que ela semeou no tempo. Eternidade já tem início nesta vida. Daí a seriedade da nossa história, das nossas opções, do nosso cuidado com o outro e com a natureza, do nosso empenho pela sociedade justa, do culto autêntico a Deus, enfim, da vivência *real* de nossa fé.

A mensagem da salvação cristã não deixa de ser *paradoxal*. Ela afirma que a salvação pessoal é *dom de Deus* e que, consequentemente, devemos confiar neste seu amor primeiro. Deste modo, devemos desviar a preocupação com nossa salvação pessoal para o cuidado com nosso semelhante, para a construção do Reino. "Buscai em primeiro lugar o Reino de Deus e a sua justiça" (Mt 6,33). Com outras palavras, nossa salvação pessoal não pode prescindir do nosso semelhante em necessidade (Mt 25,31-46).

4. Quem é Jesus Cristo?

Um primeiro *acesso* à pessoa de Jesus Cristo se realiza através do que já se escreveu sobre ele ao longo destes dois milênios de cristianismo, que constitui já um repertório inalcançável para um simples mortal. Entretanto, uma primeira impressão dessa enorme massa de textos já nos revela quão *diversamente* as várias gerações cristãs o entenderam e o cultuaram. Diversidade de teologias, de espiritualidades, de devoções, de práticas, de imagens e de cantos que nos indicam não só como cada abordagem é sempre contextualizada pelos desafios e pela linguagem, mas também como nenhuma delas consegue expressar *adequadamente* quem foi realmente o Mestre de Nazaré.

Conhecer *plenamente* a pessoa de Jesus Cristo aparece assim como uma utopia, seja pela inevitável historicidade do nosso conhecer, sempre dependente do horizonte cultural onde vivemos, seja, e esta razão é ainda mais importante, por lidarmos com o próprio *mistério de Deus* que jamais poderá ser contido e definido pela inteligência humana. Assim as cristologias se sucedem ao longo do tempo, todas parciais e abertas para aperfeiçoamentos futuros.

Esta conclusão vale também para as linhas que se seguem, que buscam apresentar uma compreensão da pessoa de Jesus Cristo significativa e pertinente para nossos dias, mas nas mesmas emergem também os limites do conhecimento e da chave interpretativa de seu autor. Observação inicial importante, mas que deve ser completada, pois só mais adiante veremos outra via de acesso à pessoa de Jesus Cristo de cunho mais *existencial*. Pois aquele que crê, que estrutura sua vida pela vida de Jesus, consegue uma maior proximidade e inteligência de Jesus Cristo que ultrapassa o conhecimento erudito ou simplesmente histórico.

Tudo teve início quando Jesus de Nazaré iniciou sua vida pública de pregador itinerante, proclamando a vinda do *Reino de Deus* e a necessidade da conversão para acolhê-lo. A expressão Reino de Deus, central na pregação e na vida de Jesus, expressa a soberania de Deus, que deve inspirar e estruturar a *comunidade humana*. Acolher esta soberania e realmente vivê-la incide nas relações pessoais, nos valores culturais, nas organizações sociais, enfim, na convivência pacífica dos seres humanos.

A proclamação do Reino de Deus não se limita apenas ao ensinamento de Jesus, ao sermão da montanha ou às suas parábolas, mas abarca também as curas que realizou e sua solidariedade com os pobres e marginalizados. Podemos mesmo afirmar que as orientações éticas pregadas pelo Mestre de Nazaré visavam a uma convivência humana feliz, e exatamente aqui se situa o que conhecemos como fazer a vontade de Deus, acolher a salvação que ele nos oferece em Cristo, realizar o sentido último de nossa existência. Porque o que está subjacente à mensagem do Reino de Deus é que Deus quer a *felicidade do ser humano*. Seu amor infinito pela humanidade quer fazê-la participar de sua felicidade constituindo-a como sua família, a família de Deus.

Neste sentido, as bem-aventuranças não constituem consolação para a outra vida, mas sim indicam que na nova sociedade, com início neste mundo, serão satisfeitos os pobres, os injustiçados, os aflitos. Não é à toa que Jesus rezava: "venha o teu Reino" (Mt 6,10). Seus milagres significavam não só curas de enfermidades físicas ou psíquicas, mas também demonstravam ser *sinais* do Reino de Deus já acontecendo na história (Lc 11,20). Igualmente o perdão dos pecados, a reintegração de excluídos na sociedade, a valorização da mulher, das crianças, dos pequeninos, o cuidado com os outros, a reconciliação mútua, a partilha de bens, manifestavam-se como sinais visíveis do Reino de Deus, distinguindo-o de uma mera utopia.

Toda a existência de Jesus Cristo se explica por esta missão de proclamar e de realizar o Reino de Deus (Mc 1,38). A ela ele foi fiel até o fim, apesar das ameaças a sua pessoa, que o levaram a uma vida conflitiva, a uma paixão sangrenta e a uma morte ignominiosa de cruz. Ele veio nos ensinar, com seu *modo de vida*, como deveríamos viver para correspondermos ao desígnio salvífico de Deus e construirmos uma convivência fraterna com nossos semelhantes, imperfeita nesta vida, mas já antecipação da comunhão de todos na vida em Deus.

Aqui temos a verdade fundamental que caracteriza o cristão, seguidor de Cristo, como aquele que assume o modo de vida do próprio Cristo. Primeiramente o seu modo de *olhar para a realidade*, seu horizonte próprio de compreensão, pois todo conhecimento e todo agir pressupõem uma prévia chave de leitura. Todo ser humano é amado por Deus, que o chamou à vida. Cristo estava ciente disto cada vez que se debruçava diante dos mais carentes e desprezados da sociedade, ou sempre que topava com pecadores. Daí também o seu *modo de agir* na busca incansável para fazer o bem, pondo-se mesmo a serviço de todos (Mc 10,45). Podemos, assim, afirmar que Cristo nos trouxe uma modalidade de vida, nos ensinou como devemos construir nossa vida, legou-nos mais uma práxis do que uma teoria. Entretanto, uma práxis que justificou ao revelar Deus e seu projeto salvífico para a humanidade.

Os textos dos Evangelhos que falam de Jesus Cristo foram escritos por cristãos, coletando as tradições orais provindas de outros cristãos. Eles refletem em seus relatos não somente dados de conhecimento, mas também elementos provindos da sua fé na pessoa de Jesus Cristo. Uma leitura de cunho meramente histórico ou sociológico, sem negar sua validez, não consegue captar quem realmente foi Jesus Cristo, por carecer da adesão pessoal a ele como Filho de Deus. Este comprometer-se com Cristo e com sua modalidade de vida, que chamamos "fé", oferece, sem dúvida, um *novo acesso* a Cristo provindo da própria experiência pessoal de vida na fé. Conhecer realmente Jesus Cristo implica partilhar sua vida, seus juízos, suas opções, distinguindo-se, assim, de um simples conhecimento fruto da razão.

Sem dúvida alguma, razões históricas como o perigo das heresias ou o encontro com a filosofia grega levaram o cristianismo a ressaltar mais sua vertente doutrinal, sua constituição sacramental, sua estrutura jurídica. Daí constatarmos a *contradição* na vida de certos cristãos que, embora batizados, não assumem, de fato, o modo de vida de Jesus Cristo. Entretanto, no cristianismo a vivência real do seguimento é mais fundamental do que suas expressões religiosas (Mt 7,21). Pois a fé brota de um ato de liberdade, de um comprometer-se com alguém, de uma convicção que consequentemente levará o fiel a opções futuras determinantes em sua vida. Posso admirar a corajosa coerência de vida de Jesus Cristo ou me entusiasmar com suas palavras no sermão da montanha, permanecendo, entretanto, num mero conhecimento externo que não chega ao que ele realmente é.

Jesus Cristo não fundou uma agremiação da qual se faz parte através de um documento (Batismo). Ele veio nos ensinar, através de sua vida, como acolher o gesto primeiro de Deus, *vida esta* que devemos assumir em nossa existência de cristãos. Se quisermos falar de amor, que seja um amor efetivo e não só afetivo, embora possa apresentar modalidades diversas, conforme o contexto vital de cada um.

Ao confessarmos Jesus Cristo como revelação plena e definitiva de Deus, devemos reconhecer que cada palavra sua, cada gesto seu, cada reação sua, revelam algo do próprio Deus. Mais ainda. Jesus Cristo, ao cumprir em tudo a vontade do Pai, manifesta *concretamente* o que conhecemos como vontade de Deus. Como em Jesus Cristo ela se realizou ao longo de sua vida, assim também nós não podemos realizá-la de uma só vez. Portanto, cabe-nos encontrar na totalidade das manifestações desta vontade divina na vida de Cristo, que episódio, que palavra, que gesto nos indicam a vontade de Deus a ser acolhida e vivida em determinado momento de nossa vida. Só assim Jesus Cristo será realmente o *caminho* que nos leva ao Pai.

Daí a importância de contemplarmos a vida de Jesus narrada nos Evangelhos. É fundamental nos deixarmos impregnar pelo relato, pela atuação das pessoas envolvidas, pelas atitudes e palavras de Jesus, pois alguma delas pode reboar mais fortemente dentro de nós, indicando, assim, o que o *Espírito Santo* quer de nós naquele momento. É o mesmo Espírito que iluminou e fortaleceu Jesus em sua caminhada, aquele que hoje nos conduz pelo caminho que desemboca em Deus. Se a vida de Cristo nos oferece o itinerário da caminhada, cabe ao Espírito Santo nos mostrar as sucessivas etapas da mesma ao longo de nossa existência.

Se cada um de nós já representa um mistério para si mesmo, e ainda mais para os demais, a pessoa de Jesus Cristo, por abrigar em si o Filho eterno do Pai, constitui e constituirá sempre para nós um *mistério*. Captamos sempre facetas parciais de sua pessoa que se irão enriquecendo e complementando ao longo de nossa vida, indicando ser nossa vida de fé um processo de *contínuo amadurecimento*. Também por nos ser acessível somente em aspectos parciais, ocasiona a pessoa de Cristo uma pluralidade de *espiritualidades cristãs*, diversas entre si, embora enraizadas e fundamentadas no mesmo Jesus Cristo. Nenhuma delas, enquanto realmente cristã, pode pretender ir a Deus prescindindo de Jesus, ou seguir outro Espírito que não seja aquele que nos doou o próprio Cristo. Todas elas legítimas, todas elas parciais, todas elas enriquecendo a tradição espiritual da Igreja.

O nascimento de Jesus Cristo *manifesta primeiramente* o gesto totalmente gratuito de Deus ao correr o risco de entrar na história humana. Não temos outra explicação para este fato a não ser afirmarmos que tal gesto brotou do amor de Deus por nós (Jo 3,16). Para nossa felicidade, para nossa salvação, um da Trindade vai correr a aventura própria da condição humana. "Nisto se manifestou o amor de Deus em nós: Deus enviou o seu Filho unigênito ao mundo para que vivamos por ele" (1Jo 4,9). Assumiu a missão de trazer vida à humanidade como qualquer ser humano, sem privilégios ou exceções. E conhecemos bem sua *coerência de vida* em meio aos conflitos que despertava e até mesmo diante de uma morte iminente e aterradora.

Toda a sua existência foi nos *comunicar vida* (Jo 10,10), ao se colocar a serviço de todos (Mt 20,28) e passar por este mundo fazendo o bem (At 10,38), de modo especial no cuidado dos pobres, no acolhimento dos pecadores, na atenção aos marginalizados. Ele revela em linguagem humana o coração de Deus, cujo agir manifesta seu ser. Portanto, Deus é isso: gratuidade total, amor sem condições, compromisso imerecido, misericórdia infinita que nos custa até a acreditar.

Mas também nos revela características dificilmente atribuídas ao que concebemos como uma divindade. Pois, podendo escolher com total liberdade de que modo seria a vinda de seu Filho a este mundo, não considerou as vantagens do poder, da riqueza, da cultura, para a realização do projeto do Reino de Deus, porém, escolheu um país sem significado no Império Romano, e neste uma região desprezada, uma família da humilde classe social de artesãos, enfim, todos eles fatores negativos para nosso modo de ver, mas que revelam que os *critérios de Deus* não são os nossos. E ainda mais. Se levarmos a sério que o agir de Deus manifesta o seu próprio ser, então o nascimento de Jesus nos *revela* um Deus para quem a humildade, a pobreza e a caridade são de tal modo prioridades que não podem deixar de lhe serem atribuídas. Temos que reconhecer: Deus é humilde, Deus é mais próximo aos pobres, Deus é doação ilimitada a todos nós.

A pessoa e a vida de Jesus Cristo revelam não apenas Deus, mas ainda quem seja *o próprio ser humano*. Acolhendo na fé a afirmação de que tudo foi criado em Cristo, por Cristo e para Cristo (Cl 1,16), devemos reconhecer que a humanidade de Cristo precedeu e atuou como *matriz* de todo o gênero humano, constituindo o ser humano *querido por Deus*. Daí também João afirmar: "Esta era a luz verdadeira, que vindo ao mundo ilumina todo homem" (Jo 1,9). Desse modo, pode o Concílio Vaticano II afirmar que "Cristo manifesta o homem ao próprio homem e lhe descobre a sua altíssima vocação" (GS 22). Portanto, encontramos na existência histórica do Filho de Deus *como* devemos viver nossa vida humana para corresponder ao que Deus espera de nós. Pois não só assumiu nossa natureza humana abstratamente considerada, mas mostrou ao longo de seus dias o que significa *ser realmente humano*.

Como sabemos, foi uma existência voltada para os outros, especialmente para os mais necessitados. Não obstante, nada recusou do que constituía a vida normal dos seus contemporâneos, participando também de seus momentos de lazer e de alegria, vendo na vida, na natureza, nos eventos, o dom de Deus à humanidade (Mt 6,25-34).

Outra característica marcante em sua vida foi relegar ao segundo plano as normas religiosas, desde que estas se chocassem com um ser humano necessitado de assistência. Deste modo, desloca o lugar do *sagrado* da esfera religiosa para o âmbito da vida cotidiana, humana, real. Como, aliás, aparece claramente nas curas realizadas em dia de sábado, bem como nas parábolas do bom samaritano (Lc 10,25-37) ou do juízo final (Mt 25,34-46). Sua atitude nos mostra que sagrado, para Jesus Cristo, constitui o próprio ser humano. Consequentemente, nossa salvação será decidida pelo comportamento que com ele tivermos.

E ainda mais. A humanização de Deus em Jesus Cristo transcende o simplesmente humano porque supera e elimina qualquer elemento desumanizante. Pois a experiência nos demonstra que o ser humano não consegue eliminar de sua vida toda realidade desumanizadora. Deste modo, Jesus supera e transcende as limitações do meramente humano manifestando-nos não só o humano em sua plenitude, mas também sua identidade profunda, sua relação única a Deus, sua condição de Filho eterno do Pai. Podemos mesmo afirmar que sua *divindade* transparece nesta sua humanidade perfeita.

Esta modalidade de vida comprometida com os demais, voltada para os mais carentes, estimulada a injetar amor e justiça na sociedade humana, representa não somente o que denominamos uma *vida cristã*, mas também e muito simplesmente uma existência *autenticamente humana*. Aqueles que a assumem atualizam em suas vidas a própria existência de Cristo, esses continuam na história sua luta pelo Reino de Deus e por uma humanidade fraterna, participam de sua caminhada dolorosa e esperam experimentar, como Cristo, a ressurreição dos mortos e a vida feliz e eterna em Deus. Pois fazer o bem não torna o cristão imune ao *conflito* e ao sofrimento, pois ele vive numa sociedade também marcada pela desumanização, pelo egoísmo, pelo pecado, embora a palavra final seja de Deus, do Deus da vida que o ressuscitará. Trabalhar pela humanização da sociedade é trabalhar pela salvação da humanidade. Podemos concluir afirmando que o humano autêntico é cristão e que o cristão autêntico é humano. Se no passado o cristianismo falhou neste particular é porque foi infiel à vida do Mestre de Nazaré.

Não há outra possibilidade de captarmos a divindade de Cristo, a não ser através de sua humanidade. Como afirma incisivamente São João: "O que era desde o princípio, o que ouvimos, o que vimos com nossos olhos, o que contemplamos e nossas mãos tocaram da Palavra da Vida" (1Jo 1,1). O divino se manifesta no humano, em vão será encontrado isolado do humano. Portanto, a presença e a atuação de Deus se darão sempre através da mediação humana. Este fato abre a possibilidade de *outra interpretação* desta ação divina, atribuindo-a a outras causas. Tal já se deu em interpretações meramente históricas, sociológicas, psicológicas, ou culturais com relação à pessoa de Jesus Cristo, e ainda hoje acontece. Igualmente também quando Deus nos interpela. Por outro lado, o humano aqui não pode ser descartado, pois é a mediação da ação de Deus nele presente, que também não deve ser eliminada.

Há ainda outro dado importante aqui implicado: o evento Jesus Cristo só aparece em sua *verdade* para aquele que *crê*. Interpretamos corretamente o fato como provindo de Deus se sabemos captá-lo como tal, a saber, no interior do horizonte de fé. Muitos contemporâneos de Jesus não o conheceram verdadeiramente por lhes faltar a fé: viram-no somente como um subversivo que deveria ser eliminado.

Em nossos dias, a pessoa de Jesus Cristo tem recebido leituras das mais diversas sem que a Igreja possa impedi-lo, por vivermos numa sociedade pluralista e tolerante. Só a fé confessada e exercida no interior da *comunidade eclesial*, em conjunto com os demais fiéis, nos garante uma compreensão correta. A fé em Jesus Cristo é sempre a mesma ao longo dos séculos. Outra questão é como a expressamos, pois nos servimos sempre do horizonte cultural da época em que vivemos. Daí a sucessão de cristologias, como nos demonstra a história do cristianismo, mas sempre a partir do Jesus de Nazaré.

De fato, certos aspectos da pessoa de Jesus Cristo só se revelam devido às perguntas feitas a ele provindas de uma perspectiva determinada, seja de cunho histórico, social, psicológico, filosófico ou linguístico. Trata-se sempre do *mesmo Jesus Cristo*, embora se expresse como o Mestre de Nazaré, como o judeu errante, como uma pessoa em duas naturezas, como o Cristo pantocrator, como o Bom Jesus sofrido, como o Cristo libertador, como o modelo do ser humano, como o sentido último da história ou como o amigo da natureza e do hábitat do homem. Naturalmente nenhuma destas concepções chega a desvendar o mistério profundo de sua pessoa, próprio da esfera divina.

Mesmo reconhecendo que cada época histórica contempla a pessoa de Jesus a partir de seu imaginário disponível, não podemos negar que alguns *traços importantes* da figura do Mestre de Nazaré possam ter desaparecido ou ser insuficientemente mencionados na vivência real da Igreja no passado. Primeiramente sua vida sóbria e sempre próxima aos pobres que desaprova qualquer ostentação e luxo na Igreja. Também a autoridade que gozava entre seus contemporâneos provinha de seu testemunho de vida e não da busca de poder e de autoritarismo. Procurou combater o "mundanismo espiritual" que via entre alguns fariseus, ainda hoje uma tentação em alguns clérigos.

Contra qualquer concepção monofisita que só considera Jesus Cristo como Deus, devemos respeitar a fé cristã que também o considera verdadeiramente um ser humano, como afirmou o grande Concílio de Calcedônia. Entretanto, um ser humano é alguém que toma consciência de sua condição humana, de suas potencialidades, de suas qualidades, do contexto sociocultural onde vive, sempre num processo de aprendizagem ao longo de sua história. Não podemos negar esta característica essencialmente humana à pessoa de Jesus Cristo.

A experiência que tinha de Deus, seu Pai, não a via devidamente expressa na religião que recebera quando mais jovem. Também a pregação vibrante de João Batista não o deixou satisfeito. Daí partir trilhando um caminho inédito, evidenciado em suas palavras e em suas ações, que entusiasmavam alguns e escandalizavam outros. Aprendeu ao longo de *sua história*, pela repercussão de sua mensagem e pelos milagres que operava, que o Espírito (a força) de Deus estava com ele (Mt 12,28). Sua condição divina repercutia em sua consciência humana, confirmando sua missão messiânica e fortalecendo-o para levá-la a cabo. Como todo ser humano dotado de liberdade e autor de sua própria história pelas opções que toma, Jesus passou noites em oração para se sintonizar com a vontade do Pai através de um discernimento realizado à luz do Espírito Santo (Mc 1,35; 6,46; Lc 5,16; 6,12). De fato, cresceu em sabedoria e graça (Lc 2,52), aprendeu pelo que sofreu (Hb 5,9), convenceu-se de ter sido enviado para proclamar e realizar a soberania de Deus na humanidade (Lc 4,43), missão esta a qual é fiel até sua morte. Sua existência demonstra, até o final, total coerência com o que pregava.

Realmente sua vida pública foi bastante conflitiva pela desconfiança das autoridades religiosas e pelos ataques constantes dos fariseus e saduceus. Diante de um fim trágico, cada vez mais evidente, entendeu que a vinda do Reino de Deus passava por sua morte. "Se o grão de trigo caído na terra não morrer, permanece só, mas, se morrer, produz muito fruto" (Jo 12,24). Demonstrou, assim, uma vida coerente com sua missão e uma coragem heroica diante do suplício terrível que enfrentaria.

Jesus Cristo realmente sofreu a morte, padeceu-a em toda a sua profundidade, desprovido de qualquer poder, sem que Deus mesmo interviesse para salvá-lo, porque esta regalia o privaria de ser um *modelo de vida* a ser seguido pelos demais humanos, já não seria em tudo semelhante a nós, menos no pecado. Experimentou as trevas da morte, como também acontecerá com cada um de nós. Mas Deus, cujo poder já se manifestara na criação, o ressuscitou dos mortos (At 3,15), a saber, realizou uma "nova criação", comprovada nos relatos das manifestações do ressuscitado. O ressuscitado é o crucificado, como mostram suas chagas, é o mesmo Jesus que percorria as estradas da Palestina ensinando e curando. É este mesmo Jesus que ressuscitou levando consigo *toda sua história de vida*, suas experiências cotidianas felizes ou sofridas, sua contínua dedicação aos pobres. Com sua ressurreição tem início, para todos os que procuram viver como ele, também a esperança e a certeza da ressurreição (Cl 1,18; 1Cor 15,20; Rm 8,29).

Sua vitória sobre a morte testifica o valor de sua vida aos olhos de Deus. Tal vida não pode desaparecer, não pode conhecer a corrupção (At 2,31), nem ser dominada pelas angústias da morte (At 2,24). A *ressurreição de Jesus* é central para a fé cristã. Nela não só se manifesta sua divindade (Rm 1,4), mas também abre-se, para seus seguidores, para os que assumem sua vida, um final vitorioso, já que animados pelo mesmo Espírito Santo que acompanhou Jesus em sua vida, a força do Deus que o ressuscitou e que também nos ressuscitará (Rm 8,11).

Não temos palavras para descrever a vida eterna junto de Deus. A Sagrada Escritura apenas apresenta símbolos sem maiores pretensões, pois estar em Deus é participar de seu *mistério* e de sua transcendência. Mesmo o "deixar-se ver" por parte de Cristo ressuscitado não pretende romper este mistério, próprio da outra vida e à qual temos acesso pela fé. Constituem experiências salvíficas que deixam os estudiosos incapacitados de ordená-las e explicá-las. São salvíficas porque robustecem a fé de seus seguidores e estimula-os a anunciá-lo vivo e a continuar sua missão pelo Reino de Deus.

Naturalmente a irrupção do Espírito Santo, tal como vem concebida pelo evangelista Lucas no dia de Pentecostes, levará os primeiros cristãos a realizarem uma leitura, à luz da fé, da vida de Jesus. Este novo olhar, fruto da ação do Espírito (1Cor 12,3), lhes permitirá comprovar nas palavras e nas ações de Jesus o Messias prometido, o próprio Filho eterno de Deus. Deste modo, o Jesus Cristo dos relatos evangélicos é juntamente o Jesus histórico e o Cristo da fé, sem que possamos realizar uma separação nítida entre ambos. Daí ser nossa fé uma fé apostólica, porque fundamentada na fé dos apóstolos, dos primeiros cristãos, da geração fundante do cristianismo.

Consequentemente, nosso relacionamento com Jesus Cristo não se deve pautar pela curiosidade sobre sua pessoa histórica, mas sim se orientar pela *oferta de salvação* para todos que se tornam seus discípulos. Descobrir na pessoa de Cristo o que ela nos proporciona de sentido para a vida, de esperança nas dificuldades e sofrimentos próprios da condição humana, de realização humana na prática de fazer o bem e ajudar gratuitamente os que padecem carências, quaisquer que sejam suas modalidades. Deste modo, já estamos imperfeitamente participando da salvação, que será experimentada em plenitude na vida em Deus. Semeamos no tempo o que colheremos na eternidade.

Consequentemente, Jesus Cristo não apenas revelou Deus como um Pai misericordioso, mas ensinou-nos como termos *acesso seguro* a Deus. Jesus, em continuidade com uma linha profética anterior e sem excluir que Deus possa ser invocado e ser venerado em atos de culto, ou em celebrações religiosas, insiste que a *verdade* do nosso relacionamento com Deus depende do modo como procedemos com nossos semelhantes. Nossa resposta à iniciativa salvífica de Deus não pode prescindir dos nossos relacionamentos interpessoais. Sua mensagem nos remete para dentro da existência humana, da história real, do cotidiano vivido.

Afirmação fundamental que *desmascara* uma vivência religiosa voltada para si própria, uma observância exata de ritos sem repercussão na convivência com os demais, uma vivência religiosa como fuga da realidade. Deste modo, o cristianismo não só abriga necessariamente em si uma ética, mas também constitui um fator de humanização da própria sociedade.

Daqui podemos compreender porque o cristianismo se apresenta sempre como uma *instância crítica* diante das sociedades humanas ao longo da história. E, mesmo com relação a si mesmo, quando a mensagem que proclama estiver sendo contradita pela sua realidade histórica, por se concentrar demasiado na ortodoxia doutrinal, na preeminência das celebrações, na submissão às autoridades estabelecidas.

Confessamos Jesus Cristo como nosso salvador pela sua coerência de vida na fidelidade a sua missão pelo Reino de Deus. Sua vida, morte e ressurreição nos oferecem igualmente podermos participar de sua salvação, de sua ressurreição. Sua paixão e morte de cruz permanecem, entretanto, como prova evidente da *seriedade* do amor infinito de Deus por nós.

A pessoa de Jesus Cristo, devido a sua vida e a sua mensagem, apesar da simplicidade do contexto social, marcou um divisor de águas na história da humanidade, estimulou conquistas culturais e sociais em favor da fraternidade e da justiça e inspirou uma legião de seguidores que levam adiante a causa do Reino de Deus.

Peçamos ao Espírito Santo que nos leve a melhor conhecê-lo, para mais amá-lo e servi-lo. Então, nossa vida se verá transformada em uma vida qualificada, uma vida com sentido, com paz e alegria.

5. A Igreja somos nós

A Bíblia oferece um fato que marcará a história do cristianismo. Trata-se de uma peculiaridade do projeto de Deus para a salvação da humanidade. Aí aparece claramente não só um Deus que entra na história humana, mas um Deus que atua para constituir *um povo* para ser instrumento de execução de seu projeto. A salvação da humanidade não se dará individualmente, mas se efetuará comunitariamente. Consequentemente, ela é prometida aos que pertencem ao povo por Deus escolhido. Esta verdade presente no Antigo Testamento permanece válida também no Novo Testamento, que caracteriza a Igreja como o *novo* povo de Deus, embora com Jesus a salvação adquira uma universalidade inédita, como reconheceu o Concílio Vaticano II (GS 22).

Naturalmente existe também uma razão de cunho antropológico para justificar tal opção divina. O ser humano é um ser social. Portanto, só se constitui como pessoa adulta na medida em que tudo recebe da *comunidade humana* onde está inserido, a começar da família, igualmente de seu entorno sociocultural (linguagem, padrões de comportamento, visão da realidade). Além disso, sabemos que o relacionamento do ser humano com Deus não pode prescindir do relacionamento do mesmo com seu semelhante (1Jo 4,20s) e que as relações interpessoais são decisivas para a salvação (Mt 25,31-46).

A Igreja enquanto comunidade dos fiéis, dos que creem, nasce propriamente em Pentecostes, pois, sem a atuação do *Espírito Santo*, os primeiros cristãos não afirmariam Jesus como Filho de Deus e seriam incapazes de uma releitura da vida de Jesus à luz desta fé. Expulsos das sinagogas, os primeiros cristãos não dispunham de locais próprios para se reunirem, rezarem e celebrarem a memória de Jesus Cristo numa ceia fraterna. Mas eles já eram Igreja pela mesma fé e pela solidariedade mútua. A configuração eclesial era diversa, conforme o contexto sociocultural.

Os elementos *essenciais* (teológicos) do que constitui a comunidade eclesial já estavam presentes no cristianismo primitivo: a fé na pessoa de Jesus Cristo, a ação do Espírito Santo, a pregação da Palavra de Deus, a comunidade dos fiéis, a presença atuante de dirigentes, a celebração dos sacramentos, especialmente do Batismo e da Eucaristia. Mas a *configuração concreta* destes componentes não cai já pronta do céu. Em cada época a Igreja busca como se organizar, evangelizar, estar presente na sociedade, fazer frente aos desafios. É o que nos comprova sua *história* com a sequência de configurações diversas: Igreja das catacumbas, da patrística, da Idade Média, do período pós-tridentino, do advento da modernidade, até a da sociedade globalizada e secularizada dos nossos dias.

Esta é uma observação inicial muito importante em nossos dias, pois estamos vivendo numa época de *mudança de configuração*. A estrutura do passado que refletia contextos socioculturais hoje inexistentes, que acentuavam a hierarquia, a centralização do poder, o distanciamento da sociedade, a desconfiança com os valores da modernidade, se revelava mais um obstáculo à missão da Igreja do que uma mediação salvífica. O Concílio Vaticano II representa um divisor de águas e o reinício do diálogo com a sociedade que atualizará a própria configuração. Mesmo com o advento da globalização e de outros fatores, esta atualização deve prosseguir.

Para muitos, o que a pessoa e a mensagem de Jesus Cristo apresentam de fascinante e de atrativo se deveria atribuir *igualmente* à Igreja. Imaginam uma Igreja idealizada, imaculada, cuja face careça de rugas e defeitos e que se imponha por uma santidade inquestionável. Falta-lhes cair na conta que a Igreja é constituída por seres humanos, frágeis e limitados, embora sempre tenha havido em seu seio personagens heroicas, como nos comprovam seus inumeráveis santos, canonizados ou anônimos. Aqueles que, de dentro dela, estão sempre a criticá-la, parecem desconhecer que também eles são Igreja e que, frequentemente, a vida que levam destoa da conduta de um cristão autêntico, sendo eles, portanto, também responsáveis pela própria crítica.

A santidade da Igreja se origina da ação do Espírito Santo em cada fiel, pois é o Espírito Santo que o leva a crer em Jesus Cristo como Filho de Deus (1Cor 12,3), a seguir os passos do Mestre de Nazaré pautando sua vida pela vida dele, e fazendo da própria existência uma vida para os demais (Gl 5,13s). É neste sentido que afirmamos ser o *Espírito Santo* a alma da Igreja, uma verdade que, infelizmente, permanece desconhecida para muitos dentro e fora da Igreja. Portanto, é a Igreja, antes de tudo, uma comunidade de fiéis sustentada pelo Espírito Santo, mais do que por fatores institucionais ou jurídicos.

Esta ação do Espírito Santo, acolhida por muitos cristãos, fez florescer na Igreja esta plêiade mais conhecida de santos e de santas, mas também uma grande multidão anônima de homens e mulheres que dedicaram suas vidas a lutar pelos pobres e sofridos da sociedade, a gestos gratuitos pelos demais, superando críticas e ameaças de seus próprios contemporâneos. Quantos exemplos de solidariedade autêntica nós encontramos entre os mais pobres!

Sem desmerecer a indispensável e fundamental ação do Espírito Santo para nossa fé cristã (1Cor 12,3), podemos também afirmar que esta fé deve sua existência à *mediação* da comunidade de fiéis, à Igreja. Para todos aqueles que são Igreja, como nossos pais, educadores, amigos e conhecidos, a pessoa de Jesus Cristo não era apenas uma personagem do passado, mas alguém que marcava suas vidas, portanto era um Jesus Cristo vivo e atual.

A nossa fé em Jesus Cristo é a mesma fé de todos aqueles cristãos que nos precederam ao longo dos séculos e que ainda hoje a enriquecem pelo testemunho de suas vidas, sedimentado em textos teológicos e espirituais que nos legaram. Podemos, assim, afirmar ser a nossa fé uma realidade teologal, pois se dirige a Deus, mas em sua modalidade concreta ela é *eclesial*, pois significa também adesão à fé de toda a Igreja.

Pois ninguém consegue abarcar a totalidade da revelação de Deus. Algumas verdades lhe são desconhecidas, outras não perfeitamente entendidas, de tal modo que o sujeito da afirmação "eu creio" vem a ser mais verdadeiramente a totalidade dos fiéis, a saber, a Igreja. Portanto, a nossa fé é *participação* na fé maior de toda a Igreja.

É neste sentido que afirmamos a Igreja como nossa *Mãe e Mestra*, pois nos formou e educou na fé. Naturalmente por ser constituída não por anjos, mas por seres humanos, apresenta falhas, erros, deficiências próprias da condição humana, que resultaram também de nossa própria fragilidade ou malícia, pois nós todos somos Igreja. Aceitar e amar a Igreja concreta, não idealizada, indica alguém que atingiu a maturidade humana e cristã. O mesmo vale para nossa atitude diante de nossos pais: são humanos, apresentam deficiências, mas nem por isso deixamos de amá-los.

Sob outro ponto de vista, aparece a importância desta afirmação. Pois vivemos numa sociedade pluralista, na qual a Igreja não mais detém o controle social de suas verdades e de seus símbolos. Assim, assistimos hoje aos maiores disparates sobre verdades cristãs, por serem leituras feitas a partir de perspectivas *estranhas* à fé cristã. Infelizmente também constatamos hoje ser a Igreja mais avaliada como uma empresa que deve ser eficaz por seu prestígio e poder.

Numa sociedade em crescente secularização, o cristão pode se sentir um estranho no ninho, solitário e questionado em sua fé. A estrutura de plausibilidade do passado desapareceu. Além disso, hoje reina o individualismo cultural. Para conservar e fortalecer sua fé, o cristão necessita de uma *comunidade* formada por pessoas também cristãs, na qual se sinta acolhido, compreendido e, portanto, fortalecido em suas convicções.

Devido ao número de frequentadores e ao anonimato das cidades, dificilmente as paróquias urbanas poderão apresentar-se como autênticas comunidades. Daí a necessidade de se formarem *grupos menores* que possibilitem uma autêntica experiência de comunidade cristã. Neles está presente a pessoa de Jesus Cristo através da escuta comum da Palavra de Deus, sob cuja luz os eventos da vida de cada membro são confrontados. Também neles o cristão terá espaço e tempo para escutar os demais e falar de sua fé para pessoas que o entendem, o ajudam e o confirmam em sua vida cristã. Aqui pode ele *experimentar realmente* o que seja a Igreja.

Certamente uma rede de comunidades menores possibilita não só o conhecimento mútuo, a ajuda recíproca, a oração em comum, a celebração consciente, mas, sobretudo, a *participação ativa* e responsável de todos. Sem negar a importância dos sacramentos, nelas terão mais peso a escuta da Palavra de Deus e a coerência de vida. Essas comunidades menores também poderão ajudar a própria Igreja com novas expressões e práticas mais condizentes com a real situação de vida de seus membros, desde que saibamos escutá-los e valorizá-los.

Porém, elas não estarão apenas voltadas para si mesmas, já que é missão da Igreja propagar e realizar o Reino de Deus. Portanto, seus membros devem ser *atuantes* em seu contexto de vida familiar e profissional, ou no âmbito de suas amizades e relacionamentos. Um cristão passivo, apenas consumidor de doutrinas e práticas habituais herdadas da família, não mais consegue manter sua fé em nossos dias. Por carecer de convicção interna, ele acaba sucumbindo à cultura pluralista e secularizada dominante.

A Igreja é primeiramente uma *comunidade de fiéis*, um grupo de seguidores de Jesus Cristo movidos pelo

Espírito Santo e só secundariamente uma instituição. Seus membros acreditam em Deus, confiam no mistério infinito como amor e misericórdia, como o sentido último de suas vidas. Tudo isto é possibilitado pelo próprio Deus, porque é ele que os capacita a terem fé.

Portanto, somente um *olhar a partir da fé* pode nos revelar o mistério da Igreja. Um olhar que não se detenha em sua hierarquia, suas celebrações, suas normas, suas pastorais, mas que consiga perceber o Espírito Santo atuando na fé e na vida cotidiana dos mais simples, anônimos e humildes, dos mais sofridos, dos que mantêm sua esperança e praticam a caridade com seus semelhantes.

Entretanto, a história demonstra que a ênfase em seu *aspecto institucional* prevaleceu. Não só pela ascensão social do cristianismo como religião oficial do Império Romano com Teodósio e Constantino, mas também pelo surgimento de heresias que o ameaçavam. Se no passado não conseguiu livrar-se totalmente das tentações de prestígio e de poder, experimenta hoje, por pressão de uma sociedade secularizada e pluralista, a necessidade de se tornar mais simples, mais humilde, mais desprovida de poder e prestígio, mais parecida com seu fundador, enfim, mais *autêntica*.

Naturalmente a comunidade eclesial, como qualquer grupo social, deve apresentar sua *identidade* por meio de doutrinas, celebrações, organização, padrões de comportamento, que a caracterize e a distinga na sociedade. Portanto, a fé vivida na comunidade deve ser expressa, celebrada, confessada, seja para que os cristãos dela tomem maior consciência, seja para que seja conhecida pelo mundo. Aliás, expressar suas próprias vivências, convicções e sentimentos, é próprio do ser humano, que não é só espírito, mas também corpo. Assim, ele continuamente produz símbolos que trazem à luz realidades invisíveis, como sejam um simples sorriso, uma expressão sofrida, ou mesmo um olhar que transmite empatia e compreensão.

É o que denominamos a característica *sacramental* da Igreja, fundamental para sua missão. Entretanto, seria um erro enfatizar demasiadamente esta realidade em detrimento da fé vivida, da ação do Espírito Santo, da presença atuante de Cristo ressuscitado, da caridade efetiva, dos heroísmos anônimos, da mística diária, da oração perseverante. De fato, exatamente em função desta fé traduzida em vida é que se justifica tudo o que salta aos olhos na Igreja. Nada adianta permanecer a meio caminho, ao repetir confissões de fé, realizar perfeitamente ritos sagrados, cultuar espiritualidades, se falta uma *vivência* autêntica da fé que atinja a vida concreta do cristão.

Pois a Igreja deve deixar *transparecer* o que ela realmente é, a saber, sacramento, sinal, visibilidade da presença atuante de Deus. Sua verdade teológica deve se manifestar em sua realidade institucional, em sua prática cotidiana de vida comunitária. Caso contrário, não consegue apontar e remeter *para além de si mesma*, pois sua verdade teológica não se manifesta verdadeiramente. Com isto ela perde credibilidade e capacidade de irradiação.

Temos clara consciência em nossos dias de que a escolha de discípulos por parte de Jesus Cristo buscava garantir a continuidade de *sua missão*, a saber, anunciar e realizar o Reino de Deus (Mt 28,19s). Portanto, a Igreja é uma comunidade humana e uma entidade a serviço da missão. Consequentemente, *todos* os seus membros são encarregados de tal missão, *todos* são integrantes ativos de uma comunidade missionária, *todos* são batizados em vista do Reino a ser propagado.

Voltamos aos primeiros anos do cristianismo, quando a fé cristã foi propagada em grande parte por simples cristãos recém-convertidos, colegas de trabalho, companheiros de viagem, combatentes militares. Sabemos que, nos séculos posteriores, a ameaça das heresias e a pouca formação do povo em matéria de fé irão privilegiar o clero mais bem formado, tornando o laicato passivo e sem voz na Igreja. Esta falha foi, felizmente, corrigida pelo Concílio Vaticano II, que considera todo cristão, por ser cristão, um *missionário*.

Embora bastante apregoada pela Igreja em nossos dias, esta verdade se vê enfraquecida por séculos de cristianismo, quando então, com raras exceções, competia apenas à hierarquia a tarefa da evangelização e santificação do povo de Deus. Aceitar as confissões de fé, receber sacramentos, obedecer às autoridades, sintetizavam, de certo modo, a vida cristã que levaria à salvação da própria alma. Esta atitude *passiva* predominante por séculos muito dificulta hoje, por parte de muitos cristãos, a aceitação do imperativo missionário decorrente do Batismo. Para esta verdade se tornar realidade, impõe-se uma *mudança* tanto de mentalidade quanto de estrutura eclesial.

Mudança na *mentalidade* do clero e do laicato. O clero deverá ter outra formação, a saber, não para comandar isolado, mas para coordenar os demais carismas na comunidade, saber ouvi-los, dar-lhes espaço e voz, pois, enfim, ele está a *serviço* da comunidade. Por sua vez, os leigos e as leigas deverão conscientizar-se de sua vocação missionária, assumirem papel ativo na Igreja, sentirem-se *responsáveis* pela comunidade, doarem tempo e energia em atividades que confiram continuidade e atualidade à missão de Jesus Cristo.

Mudança também na *estrutura eclesial,* pois mentalidade e organização institucional se condicionam reciprocamente. Uma estrutura arcaica sempre terá certa influência no modo de pensar das pessoas. Se não disponho de estruturas de participação, de mediações objetivas que facilitem as relações pessoais, como esperar colaboração ativa do laicato? E vice-versa: como a permanência de uma mentalidade retrógada dificulta o emergir de novas estruturas! A resistência de alguns a uma Igreja mais sinodal confirma bem esta afirmação.

Desde o início da Igreja, foi o Espírito Santo responsável pela própria constituição da comunidade, dotando-a de diversos dons hierárquicos e carismáticos. Deste modo, puderam os fiéis enfrentar com criatividade e coragem os novos desafios postos pelos sucessivos contextos históricos. Entretanto, certo *esquecimento* do Espírito Santo na eclesiologia deu ao componente institucional uma importância exagerada, com forte ênfase no doutrinal e no jurídico, relegando a segundo plano a dimensão *mística* da fé. Deste modo, acabou favorecendo a tendência de se autopreservar, comum a todas as instituições, ao absolutizar o histórico, imobilizar a tradição e criar um hiato entre hierarquia e comunidade de fiéis.

Também já foi observado que, à medida que o cristianismo se tornou a religião dominante, sua sobrevivência se deveu menos à ação salvífica de Deus, recebida e vivida pelos cristãos, e mais às relações com o *poder* da respectiva época. Esta concentração de poder tende a sacralizar o meramente humano e histórico atribuindo à vontade de Deus instituições, prescrições e tradições do passado.

Consequentemente, certa ênfase exagerada na importância do *poder*, herdada do passado e explicada por razões históricas, deverá ceder lugar à característica de *serviço*, mais conforme à fé cristã por ter sido inculcada pelo próprio Mestre de Nazaré, que percebia já a tentação do poder entre seus apóstolos (Mc 10,43-45). Naturalmente isto significa o fim de uma classe clerical na Igreja com suas vantagens e privilégios, fato que explica a resistência demonstrada hoje por certos setores da própria hierarquia, ciosos em não perder as vantagens do cargo.

Há alguns que resistem às mudanças que se revelam necessárias para que a Igreja continue desempenhando sua missão na sociedade em transformação. Eles partem de uma concepção errada de *tradição*, como se devessem conservar literalmente o que lhes foi legado. Entretanto, esta herança recebida inevitavelmente reflete o contexto sociocultural de uma época passada, com suas linguagens e problemáticas. Diante de um *novo* quadro social, a Igreja deve *inovar* sua mensagem e suas práticas, fato que podemos comprovar ao longo dos séculos. Caso contrário, ela poderá ser considerada peça de museu. Portanto, trata-se de uma *tradição criativa*.

Aqui se impõe uma *conversão* de cunho *intelectual* que não é nada fácil. A pessoa deve abandonar seu horizonte de compreensão, elaborado no passado, e assumir outra chave de leitura mais condizente com o atual contexto sociocultural. Novos desafios proporcionam novas perspectivas de leitura que enriquecem o patrimônio da fé. A Igreja está a serviço da sociedade e deve se transformar para permanecer *fiel* a sua missão. Exemplo patente desta verdade nos deu o Concílio Vaticano II, bem como as mudanças que se seguiram nos anos posteriores. Naturalmente esta conversão intelectual deve ser acompanhada de uma *conversão moral* que implica retidão e honestidade diante de Deus, lucidez e liberdade de espírito na Igreja em transformação. Pois temos que sair de nossa zona de conforto, abandonar nossos hábitos, modos de ver, egoísmos camuflados, seguranças humanas, falta de fé e confiança em Deus. Conversões necessárias para sermos autênticos filhos da Igreja numa mudança de época de proporções incalculáveis.

Naturalmente, época de transformações na Igreja significa dias de perplexidades, dúvidas, inseguranças, resistências e conflitos. O processo de transformação deve estar atento a erros ou exageros, deve saber que nem sempre se acerta e também deve saber voltar atrás quando necessário, mas também precisa mostrar firmeza e constância quando o objetivo se impõe por sua verdade e clareza. Fundamental nesta hora é manter um *olhar de fé* para a realidade, sabendo que o Espírito Santo está presente e atuante na Igreja. Entretanto, apenas aqueles que sinceramente buscam servir à causa do Reino, que têm o coração livre das paixões, captam devidamente esta ação do Espírito (1Cor 2,12-15).

Esta Igreja do futuro com menor poder e prestígio não mais desenvolverá sua pastoral como outrora, quando então buscava novos membros, abrindo-lhes as portas da salvação pelo Batismo como condição indispensável. Hoje estamos mais conscientes de que o critério salvífico decisivo é a *caridade vivida* (Mt 25,31-40), a qual pode levar muitos a participarem do destino vitorioso de Jesus Cristo, mesmo estando fora da Igreja (GS 22). Portanto, sem descurar a meta de levar todos a participarem dos sacramentos, a *missão do Reino de Deus*, da qual está incumbida a Igreja, é a de transformar a sociedade na família de Deus através da ajuda mútua, da partilha de bens, do perdão incondicional, da aceitação do diferente, da compaixão pelos necessitados, da luta por uma sociedade menos desigual, da denúncia de ideologias e estruturas sociais que sustentam a injustiça e a marginalização e provocam violências e agressões.

Enfim, uma Igreja que saiba colaborar com todos aqueles que trabalham por uma sociedade mais justa e fraterna, mais democrática e participativa, mais voltada para o ser humano e não só para a produção de bens e o aumento do capital. A mensagem do Reino de Deus, expressa nas ações e nas palavras de Jesus Cristo, estava toda ela voltada para a *felicidade do ser humano*, que só se torna possível com o advento de uma nova sociedade, já iniciada nesta vida, embora imperfeitamente, tendo sua consumação na vida em Deus. Assim, tudo o que diz respeito ao ser humano, diz respeito também à Igreja.

Podemos afirmar que a realidade sacramental da salvação cristã, ou seja, a presença visível da ação de Deus na humanidade, se manifesta hoje menos em suas doutrinas e ritos, e mais no *testemunho de vida* de seus membros. O gesto gratuito pelo outro, sobretudo pelo mais necessitado, revela a ação vitoriosa do Espírito Santo no cristão, contagia os contemporâneos, questiona os indiferentes e desmascara os egoístas. Trata-se de uma *linguagem universal* que todos entendem, sobretudo numa sociedade tão marcada pelo individualismo hedonista e carente daquela formação cristã pressuposta para a compreensão da linguagem tradicional da Igreja. Discursos religiosos ou morais que não incidam no bem do próximo não têm significado para o mundo de hoje.

De fato, não legamos apenas verdades de fé, doutrinas e normas, aos nossos pósteros, e, sim, a *realidade viva e atuante de Deus* nos membros da comunidade eclesial que vivem a caridade, o perdão, o desapego, a solidariedade, o cuidado com os pobres, a honestidade, plasmando suas vidas como a de Jesus de Nazaré. Transmitimos uma realidade viva: o próprio Deus agindo em nós para a nossa salvação. Transmitimos aos jovens uma *experiência de sentido, de plenitude, de paz,* para lhes permitir dela também participar.

Hoje sofremos as consequências negativas de uma excessiva *centralização* no governo da Igreja. A reação presente no Concílio Vaticano II, em favor da colegialidade episcopal, visava a conceder mais espaço e autonomia às Igrejas locais. *Instâncias intermédias* entre as dioceses e o papado tiveram papel importante no primeiro milênio da Igreja. Em nossos dias se revestem de um significado ainda maior pelo aumento das dioceses, pelo respeito devido às culturas locais, pelo fato de que unidade não significa uniformidade, pelo reconhecimento efetivo dos bispos como legítimos sucessores dos apóstolos, pelo caráter universal da Igreja que abriga sem mais a diversidade.

A opção preferencial pelos *pobres* por parte da Igreja apenas reflete a opção primeira de Deus pelos pequeninos e excluídos, como nos atesta o Antigo Testamento e nos confirma a pessoa de Jesus Cristo. Porém, esta opção deve atingir a própria instituição eclesial, pois Jesus Cristo levou adiante sua missão na pobreza, na ausência de poder, privilégios e honrarias, enfim, no serviço humilde aos demais. E a realizou na fidelidade à ação do Espírito Santo nele atuante. E é este mesmo Espírito que hoje atua nos fiéis que constituem a Igreja, estimulando-a não somente à opção pelos pobres, mas, sobretudo, a assumir a condição dos mais desfavorecidos da sociedade. Só assim ela será sinal salvífico de Jesus Cristo, não só em sua pregação, mas também no *estilo de vida* de seus membros, especialmente de suas autoridades.

Certamente quando acontece estar ela *ausente* das áreas mais pobres das cidades, ela perde em credibilidade, podendo desempenhar, como já se escreveu, a função de capelã do liberalismo globalizado, benzendo a liberdade dos empresários e ajudando os pobres gerados pelo próprio liberalismo. Deste modo, certamente agrada e oferece segurança àqueles que nada querem mudar em suas vidas.

A mensagem cristã do Reino de Deus não se limita ao interior do cristianismo, mas visa a toda a sociedade, pois manifesta o desígnio de Deus para toda a humanidade. Neste sentido, goza de uma *universalidade* que lhe é intrínseca. No passado esta característica se concretizou no Ocidente, na assim chamada "cristandade", cujo fim nós presenciamos em nossos dias. Permanece a questão de como manter esta universalidade na atual sociedade pluralista, respeitando a diversidade de culturas, de religiões e de interpretações da realidade que constatamos em nossos dias.

Fundamentando-nos na intenção divina de uma humanidade feliz e considerando a desvalorização atual da própria pessoa humana, poderíamos indicar como meta da missão eclesial hoje não apenas o discurso e as práticas religiosas, mas também a promoção de um *humanismo integral*, aberto à transcendência, rebelde a ideologias ou sistemas fechados, resistente ao atual individualismo consumista ou emotivo. Porque constatamos hoje uma crescente desvalorização da pessoa humana, devido a vários fatores: hegemonia da economia, apatia diante de desigualdades sociais gritantes, avanço de técnicas substitutivas, estudos da neurociência, insensibilidade crescente com guerras desnecessárias, humanismo fechado dominante, manipulação midiática, cultura individualista, aceleração do tempo, competitividade contínua. Foi necessária uma pandemia para que a humanidade tomasse consciência desta nefasta realidade!

Naturalmente esta pastoral não se limitaria a doutrinas, práticas religiosas, recepção de sacramentos, mas insistiria na *vivência da caridade fraterna*: defesa dos mais fracos, assistência aos excluídos, luta pela justiça, prioridade do bem comum, engajamento político, colaboração com outras entidades de mesma finalidade. Deste modo, certamente, a Igreja disporia de uma linguagem universal exigida por sua pretensão universalista. Se no passado o cristianismo educou culturas e povos, hoje ele é chamado a *humanizar a sociedade*, a defender o ser humano cada vez mais reduzido a uma cifra no sistema econômico, a uma peça que é substituída quando já não serve mais, com a consequente produção de sofrimentos e mortes que conhecemos.

Sem dúvida alguma, a *representação* que fazemos de Deus tem enorme peso em nossa vida de cristãos. Um Deus exigente, controlador, pronto para nos castigar quando erramos, e que nos ameaça com infortúnios nesta vida ou com o inferno na outra, não é certamente um Deus de amor e compaixão, tal como aparece nas ações e nas palavras de Jesus Cristo. Entretanto, a Igreja assumiu, em sua liturgia e em sua pregação, o Deus todo-poderoso sem invocar a Deus como Pai, expressão utilizada por Jesus Cristo, seja em sua oração a Deus, seja em sua pregação sobre ele. Talvez no passado a Igreja tivesse a incumbência de ser uma instância educadora e disciplinadora na sociedade, recorrendo a ameaças e castigos, papel este impossível em nossos dias, numa sociedade pluralista e democrática.

Hoje numa época de tanta confusão, pluralismo, secularização, sofrimento, desigualdade social, ausência de referências sólidas, é fundamental mostrar o rosto misericordioso de Deus, tal como o fez Jesus Cristo. Consequentemente, as normas morais e canônicas, certamente necessárias, deverão ter em consideração a *pessoa concreta* com suas experiências passadas, com seus condicionamentos atuais, com suas reais possibilidades futuras. E não aplicar uma regra geral, como se o ser humano fosse sempre o mesmo, como mais um número da humanidade. A misericórdia é a mais perfeita caracterização de Deus, nos ensina Santo Tomás de Aquino.

Não esqueçamos que o Espírito Santo atua em cada membro da Igreja individualmente, orientando-o em sua caminhada, fornecendo novas percepções de sua fé e estimulando-o a opções pessoais nas encruzilhadas da vida. Este acesso direto a Deus, obra do Espírito Santo, concede ao cristão a *liberdade autêntica* (Gl 5,13), que não se opõe à Igreja institucional. Exatamente porque é, afinal, o que a Igreja procura: levar os fiéis a um relacionamento direto com Deus, a uma fé consciente e vivida, a uma responsabilidade pessoal diante da vida, a um protagonismo no interior da comunidade.

Naturalmente esta ação do Espírito Santo jamais será totalmente transparente, pois, do contrário, o mistério inerente à ação de Deus no mundo desapareceria. Manter o mistério e ser capaz de *discernir* no histórico ambíguo a ação do Espírito permanecem sempre uma tarefa da comunidade eclesial. Este fato exige que a Igreja esteja sempre aberta, seja às inspirações de Deus, seja à realidade histórica na qual se encontra. Querer imobilizá-la numa configuração do passado implica negar a liberdade de Deus e desconhecer ser a Igreja uma realidade situada no interior da história.

Todos nós somos Igreja, todos nós somos responsáveis pelo que ela é, todos nós configuramos seu rosto na atual sociedade, todos nós comprovamos a presença atuante de Deus no mundo através de nossa vida e de nosso testemunho, todos nós somos sacramentos de Deus ao refletir sua ação salvífica em nosso cotidiano e, deste modo, comprovar que a Igreja é realmente sacramento da salvação.

6. Eucaristia, a ceia do Senhor

A Escritura diz que Deus "habita uma luz inacessível" (1Tm 6,16), que é um modo de afirmar que Deus é *transcendente*, a saber, não pertence à realidade deste mundo onde tudo é limitado e, portanto, pode ser objeto de conhecimento. Daí a proibição das imagens de Deus. Entretanto, a Bíblia nos atesta não um Deus ocioso, mas um Deus que tem um projeto salvífico e que atua na história para realizá-lo. Ele se faz presente em seu agir, sem perder, entretanto, sua transcendência, seu mistério, sua inacessibilidade.

Consequentemente sua presença atuante deverá ser traduzida numa linguagem humana que possa ser captada por nós. Assim se faz presente na sarça ardente (Ex 3,2), na coluna de nuvem (Ex 13,21), no trovão e no raio

(Ex 19,9.16) ou mesmo numa leve brisa (1Rs 19,12). São metáforas que indicam, mas *não revelam* propriamente a Deus. A revelação plena e definitiva de Deus na história humana foi Jesus Cristo, que, embora acessível ao nosso conhecimento em sua humanidade, mantém, contudo, o mistério de Deus. Ele é, assim, a presença atuante de Deus numa pessoa humana, ou, com outras palavras, ele é o sacramento primordial de Deus Pai (Jo 14,9).

No fundo toda a realidade do cristianismo, já que tem que haver com Deus, é uma *realidade sacramental*, simbólica. Palavra de Deus, sacramentos, comunidade eclesial, doutrinas, dogmas de fé, celebrações, produções artísticas, estão aí para remeter nosso olhar *para além* de si mesmos. Ao serem considerados apenas como realidades humanas, degeneram-se e perdem sua identidade e seu sentido. Deixam de ser mediações ou lugares de passagem e se tornam meras expressões, como as demais do nosso mundo.

E é exatamente a *fé* que nos possibilita ver no humano a presença atuante do divino, como os primeiros discípulos viam em Jesus o Filho de Deus (Mt 16,16) ou o Verbo da vida (1Jo 1,1). Qualquer leitura do cristianismo que julgue poder prescindir da fé vem a ser uma leitura equivocada, incompleta, por não ter atingido seu núcleo verdadeiro. Portanto, a luz da fé que nos é comunicada pelo Espírito Santo (1Cor 12,3) é condição imprescindível para chegarmos à verdade do próprio cristianismo presente no humano e no histórico. A oferta salvífica de Deus em Jesus Cristo deve ser *conscientemente* acolhida. Só então realizará no que a recebe o que ela própria expressa. Na ausência desta participação subjetiva, o gesto de Deus pode ficar reduzido a mera palavra humana ou a rito estéril. No cristianismo não há palavras ou ritos mágicos que possam prescindir da opção de fé, consciente e livre, por parte do ser humano.

O sacramento da Eucaristia, sem dúvida, teve fases históricas na vivência da Igreja que o desfiguraram bastante e cujas consequências experimentamos ainda em nossos dias. Entretanto, sem desmerecer as conquistas do passado, cabe-nos hoje *recuperar* seu sentido mais autêntico, não só no âmbito teológico, mas também na vivência concreta dos cristãos.

Se toda a vida de Jesus só se compreende a partir de sua missão de realizar e propagar o *Reino de Deus*, como nos ensinam os Evangelhos sinóticos, então também a Eucaristia deverá ser considerada nesta mesma perspectiva. Vejamos. A mensagem do Reino consiste em fazer de todos os seres humanos a família de Deus, desde que eles acolham em suas vidas a soberania de Deus que os ama e quer vê-los felizes. É a soberania ou o domínio não da imposição, mas do amor, já reinante no interior de Deus Trino que nos é oferecido em Jesus Cristo (1Jo 4,7-9). A esta soberania submeteu-se Jesus Cristo (Jo 4,34), cuja existência foi toda ela consagrada a constituir uma humanidade feliz como deseja Deus, o qual nos foi revelado em Cristo como o Pai que nos ama sem limites.

Somente considerando este pano de fundo, podemos entender não só a Jesus Cristo como sacramento visível do Deus invisível, mas também tudo o que brota de sua pessoa no âmbito do nosso mundo e da nossa história. Todas elas são *realidades penúltimas*, pois remetem sempre à realização do Reino de Deus, na caridade efetiva entre os humanos (Jo 13,34s). Pouco sentido demonstram belas confissões de fé, celebrações litúrgicas imponentes, magníficas obras de arte sagrada, prestígio junto aos poderosos, se não desempenham seu papel de *mediações do Reino*, do mútuo amor fraterno, qualquer que seja sua modalidade concreta.

A Palavra de Deus é sempre uma interpelação feita a nós para ganhar vida e influir no nosso cotidiano. E ainda muito mais são os sacramentos propriamente ditos. Pois todos eles são sinais visíveis do Reino de Deus, da oferta salvífica de Deus e de nosso acolhimento na fé e na vida, devendo, portanto, serem ultrapassados em sua realidade visível para que cheguemos ao *encontro pessoal* com o Deus transcendente. Neste particular todos eles se parecem, mas a Eucaristia apresenta uma importância única que leva os demais sacramentos a convergirem para si.

Pois a Eucaristia expressa naquilo que a constitui o *núcleo* da vida de Jesus Cristo a ser assumido por seus discípulos (Jo 13,34): sua vida de doação, de serviço desinteressado e gratuito pelos necessitados, sua preocupação com os mais desfavorecidos ou sofridos, sua predileção pelos ninguéns da história. É o que revelam suas palavras e suas ações relatadas nos Evangelhos. Embora já durante sua vida pública tenha deixado claro que veio "para servir e não para ser servido" (Mc 10,45), Jesus, sabendo que lhe restavam poucas horas de vida, quis reafirmar o objetivo de sua missão numa última ceia com seus discípulos.

A *refeição em comum* representava naquele tempo uma expressão de convívio, de fraternidade, de confiança, de amizade. Para demonstrar que Deus acolhia e perdoava os pecadores, Jesus não se furtava a tomar refeições com eles (Lc 7,36; Mt 9,10), como também demonstra o conhecido episódio com Zaqueu (Lc 19,5). Jesus rompia com a tradição religiosa de então para se mostrar solidário com aqueles que esta tradição rejeitava. A felicidade futura com Deus na eternidade era vista como um grande banquete (Mt 8,11; 22,1-10). Portanto, concretizar numa realidade profundamente humana, como uma *refeição em comum*, a lembrança do que foi sua vida explica o gesto de Cristo na instituição da Eucaristia.

Sabemos hoje que as descrições desta ceia, fornecidas pelos evangelistas e por Paulo, não consistem num relato do que se passou, pois, escritas posteriormente e refletindo celebrações posteriores das primeiras comunidades cristãs, devem ser, à luz da fé, consideradas e entendidas em seu *sentido mais original*, mais simples e verdadeiro, que o relato que as descreve. Certamente, toda vez que nos debruçamos sobre a Escritura inevitavelmente o fazemos a partir do nosso horizonte cultural, portanto, inevitavelmente a interpretamos. O mesmo já se deu com os primeiros cristãos, sobretudo com os escritos de Paulo, como sabemos.

Mas, enquanto expressam o que foi a vida de Jesus, podemos atingir o sentido profundo das palavras relatadas nos Evangelhos. Pois é exatamente a entrega aos demais, sobretudo aos mais carentes, na realização do Reino de Deus, que vai receber sua expressão simbólica na entrega do pão e do vinho como *alimentos para a vida* de seus seguidores. Isto é meu corpo, este é o vinho da nova aliança para vocês, são expressões que significam a entrega de Jesus para nós. Entrega na forma de um alimento que deve ser comido, e não apenas ser honrado e adorado, como aconteceu em determinadas épocas históricas.

O que caracterizou a vida de Jesus deve também qualificar a vida dos cristãos. Na celebração eucarística, portanto, não apenas celebramos sacramentalmente a vida, paixão, morte e ressurreição de Jesus Cristo, mas também a nossa entrega aos demais que nos fará participar da vida, morte e da ressurreição de Jesus Cristo. Nossa comunhão sacramental é *comunhão com a vida de entrega de Jesus Cristo*, é renovação e fortalecimento do que nos distingue como cristãos, é tomada de consciência de nosso compromisso pelo Reino de Deus. Caso contrário, não entendemos a celebração eucarística, não discernimos o corpo do Senhor, como adverte Paulo aos coríntios (1Cor 11,29). Portanto, para Paulo a Eucaristia não é um rito religioso que prescinda da vida real dos que dele participam e celebram. Se partilhar o mesmo alimento é partilhar a própria vida (que depende do alimento), partilhar o pão eucarístico é partilhar a própria vida de Cristo, vida de amor e solidariedade.

O evangelista João captou muito bem o *sentido* da celebração eucarística (que ele próprio não relata) ao expressar entre o anúncio da traição de Judas e da negação de Pedro: "Dou-vos um mandamento novo: que vos ameis uns aos outros. Como eu vos amei, assim também vós, amai-vos uns aos outros. Nisso, todos reconhecerão que sois meus discípulos: se tiverdes amor uns pelos outros" (Jo 13,34s).

Daí a errônea expressão, infelizmente muito divulgada, quando se fala de "assistir à missa". Pois assistimos a um filme, a um jogo de futebol, a uma peça teatral, mas nunca assistimos a uma missa. Pois nela nós somos, como cristãos, sempre *participantes*, nunca simples assistentes. Celebramos a entrega de Jesus Cristo pelo Reino e conjuntamente nossa própria entrega porque somos seus seguidores. O nosso "amém", quando recebemos a comunhão do sacerdote que nos diz "corpo de Cristo", significa: eu creio, eu acolho, eu renovo meu compromisso pelo Reino, meu seguimento real de Jesus Cristo (Jo 6,57). Então entendemos porque só o batizado pode comungar. A Eucaristia assim recebida é realmente *alimento* para nossa caminhada cristã em meio a uma sociedade na qual muitos não admitem nem vivem nossos valores.

Apenas receber a hóstia consagrada sem estar consciente do que implica este gesto é atribuir uma eficácia mágica a este sacramento, completamente alheia à fé cristã.

Portanto, a celebração eucarística é uma ceia comunitária de cristãos que recorda a entrega de Jesus e suas próprias entregas pelo Reino de Deus. Como celebração sacramental, visibiliza, atualiza, e torna presente Cristo ressuscitado com toda a sua fidelidade à vontade do Pai e a ação do Espírito Santo que sempre o acompanhou. *Presença sacramental*, presença no sinal, presença em toda a ação simbólica, presença mais significativa que a presença física enquanto conscientemente experimentada na fé. Presença fundamentada na entrega real de Jesus Cristo por nós, presença que nos interpela, desinstala, inspira, consola, estimula.

A Eucaristia não apenas rememora um evento do passado e o atualiza para o presente, mas remete seus participantes para o desenlace feliz na vida em Deus, pois a ceia eucarística é a prefiguração do *banquete eterno* com Deus (Mt 26,29). Consequentemente, uma celebração que confirma nossa fé, reforça nossa esperança e nos motiva para um amor maior aos demais. Construímos nossa eternidade através de uma vivência eucarística que é, afinal, a vivência cristã sem mais.

A celebração última de sua entrega ao Reino, na fidelidade à missão determinada pelo Pai com as menções à sua próxima morte, atesta a coragem e a coerência de Jesus no desempenho da missão que o Pai lhe confiara. São João o considera como o novo cordeiro imolado por nós, inaugurando o culto cristão que prescinde do templo de Jerusalém, sendo inicialmente celebrado nas próprias casas durante uma refeição fraterna. A celebração da entrega que Jesus fez de sua vida por nós, faz-nos ver na Eucaristia um *sacrifício*, o qual não significa que em cada celebração Cristo é novamente sacrificado, mas sim que a celebração é o sacramento, o sinal, a expressão simbólica do sacrifício realizado uma vez por todas (Hb 7,27; 9,28). Mas não devemos separar o sacrifício de Cristo na cruz de sua *história de vida* que desencadeou este final trágico e que é recordada na celebração da Palavra. A cruz salva enquanto sintetiza dramaticamente o que foi sua vida.

A vida cristã é serviço aos demais, como o foi primeiramente a vida de Jesus (Mc 10,45). Esta característica é fundamental para os cristãos e é ressaltada por João em seu relato da última ceia com o *lava-pés* (Jo 13,4-16). Gesto de profunda humildade e gesto mais próprio dos escravos naqueles tempos. A tentação de poder já se havia manifestado entre seus apóstolos (Mc 10,41-44) e devia ficar claro que na celebração eucarística todos deviam assumir esta atitude de serviço mútuo e fraternal.

Quem de fato preside a celebração eucarística é o próprio Cristo ressuscitado. O ministro ordenado o representa sacramentalmente, repetindo suas palavras e sua ação salvífica. A ascensão do clero e a consequente desvalorização do laicato geraram atitudes e comportamentos de *superioridade e de domínio* que perduram até nossos dias. Embora responsável último pela celebração e autoridade máxima da mesma, o sacerdote ordenado não pode agir como um simples ditador com manias e arbitrariedades. Seria um péssimo representante de Cristo, "manso e humilde de coração" (Mt 11,29). Também aqui o que se vive é que deve ser celebrado. O cristianismo não conhece ritos mágicos, mas sim sinais de práticas vividas.

Não é nada fácil em nossos dias recuperar o sentido primordial da Eucaristia como uma *refeição comunitária* na qual os mais pobres eram assistidos. De fato, ela refletia a atitude do Mestre de Nazaré ao longo de sua vida pública e atualizava não só sua memória, mas também sua prática de vida. O cuidado com os demais membros da comunidade vem expresso, embora numa formulação idealizada, nos Atos dos Apóstolos: "Todos os que abraçaram a fé estavam unidos e tudo partilhavam" (At 2,44). A ideia de uma comunidade que deve ser solidária com os mais necessitados adquire fundamental importância na atual cultura dominada pelo individualismo.

Se a finalidade da Igreja é continuar a *missão de Jesus Cristo* na proclamação e realização do Reino de Deus, a celebração eucarística não pode ficar restrita aos participantes, mas deve, isto sim, motivá-los a viver no cotidiano o imperativo apostólico inerente a seu *Batismo*. O Batismo não é um fim em si mesmo, mas o início de um processo de vida seguindo os passos de Cristo consagrados ao advento do Reino. Esta verdade deveria ser mais inculcada especialmente nas homilias.

Eucaristia e Igreja estão intimamente relacionadas. Por um lado, a Eucaristia faz emergir a comunidade dos fiéis reunidos na celebração, mas, por outro, exatamente porque existe Igreja, pode a Eucaristia ser celebrada. Pois Igreja é, sobretudo, a comunidade dos fiéis e não apenas um templo de pedra ou uma instituição. A comunhão com Cristo na fé e na vida fundamenta a comunidade eclesial e lhe confere visibilidade. Paulo vai enfatizar esta verdade ao considerar a comunidade cristã como o "corpo de Cristo" (1Cor 12,12-27).

Todo cristão tem direito à Eucaristia por vontade expressa de Jesus Cristo. Do ponto de vista disciplinar, a Igreja pode emanar normas e diretrizes que salvaguardem a verdade deste sacramento ou que impeçam ser o mesmo indevidamente celebrado. Mas nunca uma *regulamentação eclesiástica*, por mais louvável que seja, deverá impedir que cristãos, devidamente preparados e desejosos de comungar, tenham acesso a este sacramento. A norma eclesiástica do celibato para os ministros ordenados não pode opor-se ao que é de direito divino fundamentado na própria Palavra de Jesus (Jo 6,54).

A realidade simbólica da Eucaristia, ainda presente em Santo Agostinho, foi desaparecendo da consciência eclesial diante da estrutura mental ocidental mais voltada para o *objetivo* e o *jurídico*. Daí as discussões sobre o modo da presença de Cristo na Eucaristia, a hipertrofia do caráter sacrifical da celebração, o protagonismo do ministro ordenado, a passividade do povo de Deus na celebração, o uso indevido da Eucaristia para solenizar eventos, a obrigatoriedade da missa dominical, o uso do latim inacessível à comunidade dos fiéis, fatores que certamente *desfiguraram* a celebração em seu autêntico sentido.

Infelizmente, a *linguagem litúrgica* empregada na Eucaristia, mesmo em sua versão vernácula, continua em boa parte ininteligível para o público cristão. Este fato se deve não somente a suas expressões arcaicas, mas também à *teologia subjacente* a tais expressões, que reflete uma compreensão da fé já ultrapassada, pois não se trata de aplacar um Deus onipotente, mas de louvar e agradecer o Deus misericordioso revelado por Jesus Cristo e que nos chama a uma vida eternamente feliz consigo. Também é importante que os fiéis se sintam consciente e ativamente participantes da celebração, o que somente ocorrerá se a mesma for expressa em sua própria cultura, como, aliás, era corrente no cristianismo do primeiro milênio.

Entretanto, mesmo que a linguagem seja devidamente entendida pelos fiéis durante a celebração, é indispensável *um olhar a partir da fé* por parte dos presentes para que não fiquem presos somente ao rito externo, sem penetrar o sentido ou sentir-se tocado pelo mistério celebrado, pela presença atuante de Cristo ressuscitado que lhes proporciona uma experiência de paz, de luz, de força. Trata-se de educar os fiéis para a dimensão mistagógica do sacramento. A participação consciente e pessoal é condição para que o sacramento seja *fecundo* e transforme a vida do cristão. Só então recebe seu significado a afirmação: "Assim como vive o Pai que me enviou e eu vivo pelo Pai, quem se alimenta de mim, também ele, viverá por mim" (Jo 6,57). Não é o alimento eucarístico que se transforma em nós, mas nós que somos por ele transformados.

O *culto cristão* consiste na entrega da própria vida pelos demais, a exemplo de Jesus Cristo, como declara expressamente o apóstolo Paulo: "Eu vos exorto, irmãos, pela misericórdia de Deus, a oferecerdes vossos corpos em sacrifício vivo, santo e agradável a Deus: este é o vosso verdadeiro culto" (Rm 12,1). Este culto é celebrado em cada Eucaristia, que assim torna visível, atual e eficaz o culto de todos os cristãos, ou com outras palavras, o culto da Igreja. Também aqui aparece a íntima relação entre Igreja e Eucaristia. A existência cristã é essencialmente eucarística e eclesial.

Mais concretamente podemos afirmar que esta *mística eucarística* deve acompanhar e fortalecer o cristão em sua existência de cada dia: seja no próprio lar, com os demais membros da família, no amor conjugal e na educação dos filhos, seja mesmo na vida profissional ou na sociedade, capacitando-o a testemunhar sua fé cristã e injetar mais espírito de solidariedade entre seus contemporâneos, sobretudo na luta pela justiça no mundo e contra tudo o que desumaniza a pessoa humana. De fato, o alcance salvífico deste sacramento ultrapassa o recinto sagrado e a própria celebração eucarística.

Aqui se encontra a importância da frequência à *celebração dominical* da Eucaristia. Não se trata primeiramente de um preceito em vigor desde o século XIII e que pode desaparecer. Trata-se de manter viva, consciente, real, a atitude de doação, de serviço, de amor fraterno, que define e identifica a existência cristã e que é celebrada em cada Eucaristia. A participação na Eucaristia dominical nos alimenta pela escuta da Palavra de Deus, da homilia correspondente, da confissão de fé, das orações e hinos compartilhados, do testemunho de fé dos demais participantes, da própria ação litúrgica e, sobretudo, da comunhão sacramental com Cristo. Desde que não haja razões suficientes para tal, o afastar-se da missa dominical implica consequentemente perder a ocasião de manter viva e consciente a própria identidade cristã, sujeita a contínuo desgaste provindo da sociedade atual.

Esta participação consciente e pessoal na entrega de Cristo, lembrada e celebrada no sacramento da Eucaristia, é também necessária para que a tradicional *adoração do Santíssimo Sacramento* conserve seu sentido e sua fecundidade na vida do cristão. Pois a presença do ressuscitado na hóstia não pode prescindir da entrega de si que marcou toda a sua existência e que foi celebrada anteriormente na Eucaristia, já que nesta última realmente a hóstia se tornou alimento espiritual para a fé do cristão.

Não é fácil a *participação consciente e frutuosa* na celebração eucarística. A rotina, a familiaridade com gestos e expressões, a atenção desviada para aspectos secundários da ação litúrgica, a concentração na consagração das espécies do pão e do vinho, a passividade diante do rito quando, de fato, todos celebram, e o sacerdote preside, exige de cada um de nós um olhar diferente, uma tomada preliminar de consciência, uma preparação remota, como diziam os antigos, para uma devida participação neste sacramento. Aí sim experimentaremos que o pão do céu realmente nos alimenta em nossa caminhada.

7. O CRISTIANISMO EM TRANSFORMAÇÃO?

Sem dúvida alguma o cristianismo, como também outras religiões, experimenta hoje um *momento crítico*. Não que seja o primeiro de sua história, mas o atual apresenta proporções inéditas tais que nos levam a prever mudanças significativas em sua realidade. Sendo uma entidade histórica no interior da sociedade humana, o cristianismo não poderia deixar de ser afetado pelas transformações que sucessivamente atingem a própria sociedade, como, aliás, nos comprova sua própria história.

Seu centro de gravidade, sua referência primordial, se encontram na *pessoa de Jesus Cristo*, cuja figura viva e interpelante nos chega através dos Evangelhos e das tradições cristãs deles provenientes, nos quais encontramos não só doutrinas e ensinamentos, mas ainda testemunhos de vida cristã que hoje moldam nossa fé e nosso agir. Afirmar que a identidade cristã provém de Jesus Cristo, não a torna imune às vicissitudes inevitáveis da história humana. Pois o ser humano aborda, compreende e adere sempre à pessoa de Cristo no interior de seu respectivo horizonte cultural, o qual sofre variações ao longo da história. Daí a sucessão de compreensões da pessoa de Jesus Cristo (cristologias) que conhecemos. Todas elas são expressões insuficientes, por serem historicamente condicionadas, ainda que corretas. Insuficiência que provém do sujeito que conhece, agravada pelo objetivo deste conhecimento, a saber, procurar expressar o mistério de Deus na pessoa de Jesus.

Naturalmente *novas compreensões* das palavras e das ações de Jesus Cristo inevitavelmente influenciarão a *autocompreensão* do próprio cristianismo. Consequentemente, em suas características de cunho doutrinal, litúrgico, moral, ou institucional, o cristianismo sofrerá transformações, como, aliás, nos comprova seu passado. Portanto, estará sempre sujeito à dialética inevitável provinda da sociedade que o questiona e o estimula a novas leituras do evento Jesus Cristo, que acabarão por influenciar a fé e o cotidiano dos cristãos.

Incumbe, portanto, a cada geração a tarefa de viver a fé cristã em seu contexto sociocultural, com a linguagem disponível, às voltas com seus desafios e oportunidades. Daí a sucessão de cristianismos, iguais em sua identidade primordial, mas diversos em suas várias *configurações*, como nos atesta o cristianismo dos primeiros séculos, o da era patrística, o do Renascimento, o do período pós-tridentino, ou o da modernidade, para citar alguns exemplos.

No momento em que o cristianismo, cujo sentido último é *proclamar e realizar o Reino de Deus*, núcleo da missão do próprio Jesus Cristo, devido às transformações ocorridas na sociedade, já encontra séria dificuldade em se fazer entender e assim ser acolhido pelas novas gerações, se impõe uma nova configuração para que sua finalidade possa de fato se realizar. Concretamente isto significa uma *revisão de sua linguagem* sedimentada nas doutrinas, nos ritos litúrgicos, nas práticas devocionais, nos planos pastorais, nas normas morais. Pois esta linguagem teve início numa época passada respondendo às suas necessidades, sendo que hoje elas já são outras. Querer retê-la é tentar absolutizar o histórico, embora a versão passada conserve seu valor para as gerações posteriores, pois traduzia para aquela época a mesma fé que hoje professamos.

Poderíamos nos perguntar, com toda franqueza: hoje o cristianismo é *realmente captado e entendido* pela sociedade em virtude do que apresenta de original, de novo, de surpreendente, de provocador, de revolucionário? Corresponde, de fato, à modalidade de vida e à pregação do próprio Jesus Cristo, ou nos apresenta uma versão racionalizada, ritualista, moralizante, do que ele queria propriamente? Não significa o cristianismo atual mais biombo do que vitrine da pessoa de Cristo para muitos de nossos contemporâneos?

A questão incomoda e perturba porque ameaça nossa *habitual* vivência cristã restrita à observância de alguns pontos que já nos tranquilizam. Porém, aceitar o desafio da atual sociedade é deixar-se questionar exatamente naquilo que nos oferecia segurança e estabilidade. Já se disse que a ignorância e o medo são as mães de todos os vícios. Daqui podemos compreender a reação crispada e, por vezes, violenta dos tradicionalistas, duros em julgar os demais, inflexíveis ao emanar normas sem considerar a pessoa concreta em seus condicionamentos, temerosos de perder poder e prestígio que lhes concedem os poderosos.

Não se nega que possa existir uma vivência cristã autêntica e profunda ainda que expressa de modo simplório, imperfeito ou mesmo exagerado, como podemos encontrar na *piedade popular,* por lhe faltar a devida formação cristã. A autenticidade de sua fé provém, seja do relacionamento pessoal com Deus, seja do cuidado que demonstra com o outro ser humano em necessidade. Entretanto, por outro lado, as expressões e as práticas tradicionais com pouca incidência no dia a dia de muitos cristãos acabam por tornar o cristianismo um legado arcaico e estranho na atual sociedade que, ignorando-o, se organiza e vive tranquilamente.

Entretanto, a *pessoa de Jesus Cristo*, suas palavras e suas ações, significaram, sem dúvida, surpresa, espanto, escândalo mesmo, pela sua novidade. Elas revelam um Deus inaudito, um Deus pura gratuidade, apaixonado pelo ser humano, misericordioso, que chocava alguns e entusiasmava outros. Mas um Deus diferente, a quem chamava de Pai, demonstrando assim em sua pessoa um *evento único* na história. Seu *comportamento*, explicitado por sua pregação, buscava sempre levar vida, amor, sentido, sobretudo aos mais sofridos. O início do cristianismo se situa, portanto, numa práxis, numa modalidade de se viver a existência humana. Seus primeiros discípulos foram convidados a partilhar de sua própria vida itinerante (Jo 1,37-39).

Entretanto, os desafios lançados pelas sociedades passadas levaram o cristianismo a desenvolver mais seus componentes de cunho doutrinal, cúltico, jurídico, numa palavra, *institucional*. Deste modo, pôde mais facilmente ser acolhido pelas sociedades do passado, pôde gozar de poder e prestígio, pôde mesmo desempenhar um papel educativo nas mesmas, influindo fortemente na cultura ocidental, mas, por outro lado, esta conquista significou também o sacrifício de sua vocação profética e de sua originalidade desconcertante. O doutrinal dominou o vivido, a ortodoxia ofuscou a ortopraxia, a norma se impôs à vivência.

A configuração atual de cunho eminentemente doutrinal, moralista, impositivo, herdeira de concepções pessimistas e rigoristas do passado, ainda presentes na liturgia e na catequese, envoltas numa linguagem arcaica e incompreensível para nossos contemporâneos, explica, em parte, o descaso das novas gerações pelo cristianismo. Alguns autores distinguem entre *fé* que atinge a vida e *religião* constituída por doutrinas, ritos e normas morais e jurídicas, necessárias à fé, mas que podem se revelar ineficazes por serem ultrapassadas e incapazes de transformar a vida dos fiéis.

Mesmo reconhecendo teoricamente que a era da cristandade pertence ao passado, sendo impossível ressuscitá-la, de fato *imaginamos* sempre esta época como referência determinante para o que deva ser o cristianismo ainda em nossos dias. Daí o pessimismo com relação ao futuro do cristianismo que constatamos hoje em alguns.

Hoje se impõe a gestação de uma *nova configuração* do cristianismo, desprovido de poder, de certezas, de moralismo, de superioridade, que saiba escutar a sociedade, pois nela também Deus está atuando, que saiba mostrar-se frágil e simples como o foi o Mestre de Nazaré, que concentre sua pastoral na pessoa de Cristo e não em questões eclesiais secundárias, que reconheça sua própria incoerência e imperfeição, que não pregue o que não vive, que saiba discernir a presença vitoriosa do Espírito Santo em entidades e pessoas que não apresentam a etiqueta de cristãos, mas que vivem a solidariedade fraterna, a compaixão pelo pobre, a indignação diante de um sistema econômico e político que produz pobreza e sofrimento, pois só se chega ao Deus de Jesus Cristo através do comportamento diante do semelhante em necessidade (Mt 25,34-40).

É fundamental que reconheçamos que toda ação de Deus no mundo se realiza sempre através da *mediação humana*. Daí inevitavelmente tal ação será captada, entendida e expressa dentro de um contexto sociocultural determinado com sua linguagem disponível, com a influência de culturas e religiões vizinhas, e em resposta aos desafios da sociedade. Esta afirmação vale para a ação de Deus sedimentada no Antigo Testamento, mas também para os textos neotestamentários e, ainda, para todo o curso histórico do cristianismo. Assim, amplas e profundas compreensões do evento Jesus Cristo enriqueceram o cristianismo, porém, também muitas interpretações que se incorporaram mais dificultam do que ajudam a aceitar a pessoa de Jesus Cristo. O fenômeno se repete ao longo dos séculos, demonstrando que o imperativo da *reforma contínua* é inerente ao cristianismo.

Como toda teologia contém em si mesma uma *antropologia*, assim todo discurso religioso se apoia e reflete o contexto humano e histórico onde se elabora. Falamos do divino (ação de Deus, imagem de Deus, vontade de Deus) sempre de modo humano (histórico, contextualizado). Novos contextos, novos desafios, novas linguagens, novas chaves de leitura irão corrigir leituras parciais, desvelar riquezas escondidas, atualizar a mensagem cristã, e, assim, evidenciar a sempre válida pertinência do cristianismo para a humanidade.

A crise do cristianismo não significa a morte de Deus ou o fim de sua atuação salvífica no mundo, pois provém da falta de uma *linguagem apropriada* que realmente indique e comprove seu empenho constante pelo ser humano. A atual indiferença religiosa pode se originar do desencontro entre o que busca a sociedade e o que oferece o cristianismo.

Portanto, pode-se dispensar o cristianismo sem que tal recusa afete muito o cotidiano das pessoas. Não se nega a presença de valores cristãos em suas vidas, mas estes se expressam e são vividos numa versão secularizada.

Muitos de nossos contemporâneos demonstram grande sensibilidade pelos que sofrem, assumem gratuitamente compromissos humanitários, sacrificam bens e oportunidades para ajudar necessitados, mas justificam *não religiosamente* esta sua opção de vida. Daí a questão: experimentamos hoje uma crise de fé ou uma crise de linguagem?

Jesus Cristo, embora vivesse numa sociedade profundamente religiosa, pouca importância deu às práticas tradicionais do judaísmo de então, preferindo concretizar o relacionamento correto com Deus no amor desinteressado pelo ser humano, criando relações interpessoais gratificantes e promovendo o advento de uma sociedade na qual seus membros pudessem ser felizes. *Sagrado* para ele era o próprio ser humano, sobretudo o mais necessitado. E o amor fraterno devia ser o que distinguiria seus discípulos (Jo 13,35). Entretanto, a mensagem de Jesus para manter sua identidade própria acabou se configurando como uma religião distinta das numerosas outras daquele tempo. Pois, expulsos das sinagogas, os primeiros judeus cristãos se organizavam nas casas onde celebravam a memória do Senhor. Paulo terá, como bom conhecedor da religião judaica, uma influência decisiva na interpretação da mensagem evangélica, mas será seguido por outros que deverão explicitá-la mais, devido aos desafios doutrinais e sociais dos anos seguintes.

Hoje se costuma contrapor a *fé* enquanto seguimento de Cristo, que exige sério investimento da própria vida, à *religião* que se resumiria a práticas religiosas determinadas (confissão doutrinal, recepção dos sacramentos, atividades espirituais). Naturalmente a distinção nunca acontece deste modo tão nítido e impermeável, embora certamente *denuncie* uma questão autêntica. Para Jesus Cristo, a fé se vivia na vida cotidiana, sendo que mais tarde a funesta distinção entre natural e sobrenatural irá localizá-la no âmbito do religioso, dando lugar, assim, ao surgimento de uma vida humana meramente natural ou, como dizemos hoje, secularizada.

Portanto, a crise hodierna diz respeito à configuração do cristianismo e aqui já desponta o imenso desafio de configurá-lo diversamente para nossos dias. Tarefa de enormes proporções e de muitos anos, mas que já permite alguns vislumbres do que deverá ser realizado, como meta ideal que só a história posterior poderá mostrar como irá realmente se concretizar. Já que se trata de uma tarefa humano-divina, nela tem sentido também a oração, o recurso à ação do Espírito Santo, certamente mais capaz do que nós de conduzir o cristianismo a uma configuração pertinente e significativa para o momento histórico que vivemos.

O cristianismo futuro deverá dar primazia ao "vivido" e menos ao "celebrado". A preocupação com a ortodoxia doutrinal, com a celebração frequente, com o respeito ao âmbito moral e jurídico, se justifica e deve ser mantida. Porém, a pastoral deveria saber descobrir e valorizar mais mentalidades, atitudes, iniciativas e práticas que encontra já *na sociedade*, embora sem a etiqueta de cristãs, mas realmente em consonância com a mensagem evangélica. Ao reconhecer com humildade a ação do Espírito de Deus fora de seus muros a estimular homens e mulheres à solidariedade, num mundo de tantas desigualdades e injustiças, a missão do cristianismo será de confirmar, estimular e oferecer, sem impor, o *sentido profundo* de tais ações quando vistas à luz da fé cristã. Numa palavra, é mais importante o Reino de Deus realmente acontecendo do que um crescimento numérico do cristianismo sem real incidência nas relações humanas.

Sendo assim, a própria noção de *salvação cristã* deve ser revista. Aprendemos a remetê-la para a vida eterna, para depois da morte, para fora da história. Nesta vida apenas deveríamos viver de tal modo que pudéssemos merecê-la. Tudo se concentrava em salvar a própria alma, sem que deste mundo levássemos algo para o outro. Entretanto, a Bíblia nos ensina que a salvação acontece já ao longo da história, implica o surgimento de um povo, a emergência de uma comunidade humana, a penosa e difícil constituição de uma sociedade justa e solidária, conquistas históricas que, enquanto correspondem à vontade soberana de Deus, serão transformadas, assumidas e eternizadas na vida em Deus. Vida esta que supera os profundos anseios de paz, amor e felicidade próprios do ser humano. Portanto, cada ação provinda do amor ao próximo já é constitutiva da salvação da pessoa, pois tem valor de eternidade. E também não deixa de ter uma repercussão social. A comunidade dos santos que constitui a salvação plena em Deus é assim gerada na própria história da humanidade.

A aliança do cristianismo com o poder civil ao longo de sua história resultou em vantagens e em perdas. Sem pretender um juízo sobre o passado constatamos hoje, como condição necessária para realizar sua missão, que o cristianismo salvaguarde sua *liberdade* de proclamar na íntegra a mensagem cristã ao não ceder à tentação do poder que lhe possa ser oferecido. Igualmente deve evitar o assumir as estruturas e os privilégios presentes na sociedade, como infelizmente aconteceu no passado e ainda hoje perduram na mente de alguns clérigos. Só assim sua hierarquia poderá levar a sério a admoestação do próprio Mestre (Mt 20,26) e viver seu ministério como realmente deve ser, a saber, *serviço* à comunidade e ao mundo. Um cristianismo talvez com menos poder e prestígio, menos confiante em seus recursos próprios e mais na ação de Deus, mais atento à qualidade de vida do que à quantidade de seus membros.

Ser cristão só tem sentido enquanto implica levar adiante a missão do próprio Jesus de proclamar e realizar o Reino de Deus ao longo da história. Portanto, ser cristão significa sem mais compromisso, atuação, irradiação, seja pelo testemunho da própria vida, seja por palavras e ações. Sendo assim, todo discípulo de Cristo é um *missionário*, ativo, pois não deve haver cristão passivo. As modalidades desta irradiação da mensagem cristã são múltiplas e variadas conforme as possibilidades de cada um. Naturalmente esta meta só será alcançada se houver séria mudança na formação do clero, não mais como instância de poder, mas como carisma a serviço dos demais carismas, sabendo respeitá-los e coordená-los em vista do bem comum, sem cair na tentação da superioridade e do autoritarismo. Saber formar, estimular, colaborar, escutar e aprender do laicato não é certamente tarefa simples, mas se apresenta hoje como imprescindível, também pela redução numérica dos presbíteros.

A ênfase insistente na mensagem do Reino de Deus, central nos Evangelhos sinóticos, acentua mais a fé vivida no cotidiano da vida, onde a pessoa encontra e responde a Deus, e parece, assim, *relativizar* as expressões do Reino tão valorizadas no passado. Entretanto, esta impressão não se sustenta, porque, ao colocar a pessoa diante de Deus, que é transcendente, mistério inacessível, jamais dominado pela razão humana, as expressões cristãs *remetem* esta mesma pessoa ao mistério último, que chamamos Deus. Deste modo, todo o cristianismo é uma *realidade simbólica*: seu sentido é ser ultrapassada em direção ao mistério. Até a humanidade de Cristo deve ser ultrapassada enquanto mediação, sacramento, visibilidade de Deus Pai inacessível. "Felipe, quem me viu, viu o Pai" (Jo 14,9).

Esta fundamental referência a Deus provinda da fé deve estar presente e atuante nos textos bíblicos como Palavra de Deus, nos sacramentos como sinais do encontro com Deus, nas doutrinas, teologias, espiritualidades, grupos de cristãos, enfim, em tudo que constitui o cristianismo como *presença visível e atuante de Deus* na história humana. Entretanto, o sério perigo consiste em esquecer que lidamos com sinais que nos interpelam a sermos *realmente vividos* e simplesmente neles nos determos. Sem dúvida alguma esta falha aconteceu no passado e explica situações escandalosas de sofrimento humano em países tradicionalmente cristãos. Este fato, porém, não invalida a importância dos sinais cristãos na história da humanidade.

O cristianismo, enquanto representa uma modalidade de se viver a existência humana, estruturada pela práxis do Reino de Deus, atinge e molda pessoas e sociedades, e pode ser considerado como um *humanismo*, a nova criação, a nova sociedade querida por Deus, que tem seu núcleo no amor fraterno, enquanto sintetiza o programa de vida exposto por Jesus no sermão da montanha. Aqui surge o problema. Pois o Espírito Santo age também nos que estão fora do cristianismo levando-os à práxis de Cristo, como igualmente atua nos cristãos. E o cristianismo, em sua realidade simbólica, seria relegado a apenas estimular os cristãos a viverem a própria fé?

Se fundamental é viver os valores do Reino de Deus, também ao alcance dos não cristãos pela ação universal do Espírito Santo, que sentido ainda tem o cristianismo na história humana? Constituirá apenas um *humanismo* que poderá também ser vivido por qualquer ser humano que procure fazer o bem e se empenhar por uma sociedade mais justa? Já se escreveu que trabalhar pela humanização do ser humano é trabalhar pela salvação da humanidade. Como fundamentar esta afirmação? Como distinguir o humanismo cristão de outros humanismos *imanentes* que excluem qualquer menção a uma realidade transcendente?

Nós, cristãos, confessamos Jesus Cristo como o primogênito de toda a criação (Cl 1,16). Consequentemente, a humanidade de Cristo precedeu e atuou como *matriz* de todo o gênero humano, constituindo, assim, o ser humano querido por Deus (GS 22). Deste modo, o que deve ser a pessoa humana se encontra na própria vida terrena do Filho de Deus, cuja existência nos revela o "humano autêntico" que supera e elimina qualquer elemento desumanizante. Assumir o modo de vida de Jesus Cristo é fazer acontecer o Reino de Deus, é colaborar com uma humanidade querida por Deus, é realizar o *autêntico humanismo*. Tarefa impossível devido à imperfeição e à fraqueza do próprio ser humano, porém, possibilitada pelo próprio Deus. Essa tarefa não exclui cruz e sofrimento como se deu com Jesus, mas está sempre em curso devido à ação contínua do Espírito Santo. Daí podermos concluir que *o humano autêntico é cristão e que o cristão autêntico é humano*. Conclusão importante numa época em que o ser humano se encontra reduzido a ser apenas uma simples peça na grande engrenagem da máquina econômica voltada para a produtividade e o lucro.

Seria esta a missão do cristianismo na sociedade: oferecer este humanismo que pretende fazer de toda humanidade a família de Deus? No passado o cristianismo foi um fator decisivo na educação da sociedade, como nos demonstra a história do Ocidente, sem dúvida devido a sua posição hegemônica na sociedade de então. Mas hoje vivemos em sociedades pluralistas, emancipadas de qualquer tutela religiosa. Qual o *sentido do cristianismo* para nossos contemporâneos? O que pode ele oferecer à sociedade atual?

A sociedade atual é profundamente caracterizada por uma racionalidade de cunho científico, produtivo, instrumental e pragmático, sociedade de previsão e de cálculo, sempre às voltas com objetivos concretos, limitados. As estas características devem ser acrescentadas o contínuo bombardeamento de novas informações, técnicas, oportunidades de consumo, oferta generosa de interpretações diversas da realidade, que causam nas pessoas, por não conseguirem racionalmente dominá-las, certo relativismo, certo ceticismo, certa indiferença diante da realidade. Numa palavra, a sociedade hoje apenas apresenta *meios* para *objetivos parciais* que ocupam já a maior parte do tempo das pessoas. Entretanto, o ser humano não consegue viver sempre distraído no cotidiano da vida. Ele necessariamente se questiona também pelo sentido de sua existência, pelo mistério da vida, pelo caráter efêmero de seu cotidiano, pelo mal e o sofrimento que não consegue debelar, pelo tédio de ser apenas um consumidor dos produtos do momento. Ele busca um *sentido* que fundamente suas opções existenciais, justifique sua responsabilidade social, liberte-o da indiferença apática, relativize as inevitáveis contrariedades do cotidiano, leve-o a viver na esperança de um desenlace feliz para sua existência.

Aqui me parece estar o que o cristianismo pode oferecer à sociedade, não como algo acrescentado à vida cotidiana e expresso em práticas religiosas, como se deu no passado com o dualismo natural-sobrenatural e sagrado-profano, mas como *a razão básica* para viver sua existência consciente e responsavelmente. Este sentido, capaz de iluminar toda a existência humana e de interpretar a própria história da humanidade, nos é oferecido na vida e na mensagem de Jesus Cristo, e está sintetizado numa expressão já desgastada pelo mau uso, no entanto, ainda pertinente e atual, que é o *amor fraterno*.

O ser humano não se satisfaz em ser apenas um consumidor de bens, preso a objetivos parciais, distraído pelas novidades sucessivas, insatisfeito pelos momentos felizes fugazes, inquieto pelo mistério da vida, consciente de que nasceu para mais, sem conseguir defini-lo devidamente. Uma sociedade secularizada, vazia de sentido, tenderá a produzir saídas espirituais dentro da lógica consumista e individualista hoje reinante. Daqui se explica a inflação atual de religiosidades de toda espécie, também pela incapacidade de o cristianismo apresentar a linguagem pertinente para esta situação, dificultando, assim, que a mensagem do Reino de Deus consiga ser captada e assumida por nossos contemporâneos.

Portanto, o relacionamento do cristianismo com a sociedade é hoje mais modesto e frágil. Não apoiado no poder e no prestígio, mas na própria força da mensagem de fé, testemunhada na vida dos cristãos, sem excluir as razões que fundamentam suas existências (1Pd 3,15). Assim foi a vida de Jesus, mais preocupado com o ser humano do que com as práticas religiosas de sua época. Mas este mesmo ser humano foi criado para mais, para uma felicidade eterna, para uma existência sem fim, para uma convivência social fraterna que serão realidade porque o mistério último da vida, o transcendente, o inacessível, o que chamamos Deus, é amor e misericórdia que nos criou para participar eternamente de sua *felicidade plena.*

Estamos acostumados com um cristianismo detentor de poder e de privilégios de tal modo, que resistimos a concebê-lo simples, frágil, pobre de recursos, mais sustentado pela ação do Espírito Santo e pelo testemunho dos cristãos do que por alianças com o poder civil. Naturalmente alguns de seus dirigentes, já acostumados com o estilo antigo, se oporão ao emergir desta nova configuração do cristianismo por verem desaparecer vantagens e status social de que até então gozavam. A mesma resistência já se dera no passado por ocasião de reformas anteriores na Igreja.

Alguns observadores falam de uma volta do cristianismo à pobreza e à fragilidade que apresentava nos primeiros séculos, embora não mais perseguido pelas autoridades romanas e sim ignorado pela sociedade secularizada. A religiosidade popular ainda forte em camadas da população pode relativizar tal juízo, mas o fim de uma época de cristandade não pode ser negado. A perda das vantagens de ordem temporal pode fortalecer ganhos de *cunho evangélico*, amadurecendo mais a opção de fé, a confiança em Deus, a consciência do compromisso batismal, a seriedade do seguimento de Cristo, a centralidade da solidariedade fraterna na vida cristã, sem desmerecer o papel das confissões de fé, das celebrações sacramentais, das espiritualidades tradicionais, mas as considerando todas na caminhada cristã, como meios e não como fins.

O fator decisivo para a fé cristã é a vivência da caridade fraterna (Jo 13,35; Mt 25,31-45) que, entretanto, também pode estar presente na vida dos que não são cristãos (GS 22). Deste modo, apenas o testemunho de vida não basta, como já observara São Pedro (1Pd 3,15), mas a conduta cristã deve ser explicada e justificada. Realmente, como já mencionamos anteriormente, toda a realidade do cristianismo é de *ordem simbólica*: através do que vemos, somos remetidos ao que não vemos, ao transcendente, a Deus. Portanto, os símbolos são indispensáveis para que o cristianismo seja o que deve ser, a saber, o que Jesus pretendeu com o chamamento dos discípulos (Mc 3,13-19).

Consequentemente o cristianismo não pode prescindir de expressões doutrinais, celebrações religiosas, práticas devocionais, instituições salvíficas. Estas têm seu sentido e devem permanecer sempre. A questão é que o sinal deve ser captado como tal e entendido em seu sentido para ser realmente sinal do que pretende assinalar. Aqui reside o problema. A *linguagem atual* do cristianismo não traduz adequadamente a proclamação evangélica de Jesus Cristo. Os penduricalhos acrescentados ao longo dos séculos mais estorvam do que ajudam na proclamação da mensagem cristã. Trata-se, portanto, de uma questão de linguagem.

Exemplo bem evidente do que afirmamos são as atuais anáforas eucarísticas. Não só omitem qualquer menção à vida histórica de Jesus Cristo, limitando-se a sua paixão, morte de cruz e ressurreição, mas reproduzem concepções teológicas já ultrapassadas como a da morte de Cristo para aplacar a Deus, ou a da oferta de dons para merecer assim a salvação, ou ainda a de uma noção da graça de Deus como alguma coisa a ser pedida. O que resta ainda da Eucaristia como uma *ceia de cristãos* que partilham sua fé e seus bens ao fazer memória da última ceia e do seu sentido profundo? Este é apenas um exemplo a pedir uma urgente revisão da linguagem, revisão esta que se estende a outras verdades cristãs, como se comprova ao longo deste livro.

Nem sempre é fácil distinguir no legado recebido o que pertence à grande *Tradição* cristã que deve permanecer e o que constitui as *tradições* que podem ser descartadas por serem contingentes e dependentes de uma situação histórica. Assim, de um lado, a realidade de uma hierarquia, e, de outro, a herança de um clero celibatário ou de uma insuficiente valorização da mulher. Entretanto, mesmo que o objetivo de uma mudança esteja claro e aprovado pelos responsáveis, a diversidade de mentalidades no interior do cristianismo deve ser respeitada, o que torna o processo mais lento e exigente.

Embora o cristianismo europeu tenha sido exportado para os quatro cantos do mundo e prestado inestimável serviço à propagação da fé cristã, hoje se impõe o imperativo de que as culturas locais sejam respeitadas e que a fé cristã possa nelas se exprimir e nelas ser vivida. Mas o processo da inculturação da fé, que segue juntamente com o da evangelização da cultura, se revela uma realidade complexa que deve ter como protagonistas os próprios nativos da cultura em questão. Certamente teremos no futuro um cristianismo uno, mas abarcando a diversidade, pois unidade não significa uniformidade.

Aliás, o cristianismo nunca consistiu numa realidade *homogênea* na compreensão e na prática dos diferentes cristãos. Conforme as classes sociais, a formação cultural, os desafios enfrentados, houve certamente diversidade na compreensão e na vivência da fé cristã. Hoje, mais do que no passado, temos consciência clara da importância do sujeito na questão do conhecimento. Teremos sempre um cristianismo mais bíblico, outro mais devocional, outro mais afetivo, outro mais racional. Árdua tarefa para os responsáveis pela evangelização, diversificando-a segundo os auditórios respectivos.

A compreensão atual que a fé cristã tem de si mesma promoverá um cristianismo mais *inclusivo* do que exclusivo. Não só aceitará a salvação do ser humano também fora de seus muros, como ainda encontrará seus valores em outras religiões e culturas. Então, poderá emergir uma sintonia maior na compreensão do próprio ser humano e daí uma maior colaboração com outros na construção de uma sociedade justa e pacífica. No futuro o cristianismo estará mais presente e atuante nos desafios enfrentados pela humanidade, mais do que preocupado em aumentar suas hostes.

Esta maior proximidade do cristianismo com a sociedade será facilitada pelo maior protagonismo do laicato na autocompreensão cristã e em sua ação evangelizadora. O emergir de novas linguagens e de novas práticas inspiradas no Evangelho poderá surgir das experiências próprias de homens e mulheres ao buscarem viver sua fé e desempenharem o papel de discípulos missionários na promoção do Reino de Deus, tarefa esta reservada no passado ao clero e, por conseguinte, insuficientemente realizada por carecer de um contato direto e diuturno com a complexa realidade da vida humana. Somos todos responsáveis pela vinda de um cristianismo que realmente seja pertinente e devidamente entendido pela atual sociedade.

8. O SER CRISTÃO COMO PROCESSO

Os que caracterizam o cristão por ter sido batizado, aceitar a fé cristã proclamada pela Igreja, eventualmente fazer suas orações e participar de sacramentos, cultuar Nossa Senhora e os santos, procurar obedecer aos mandamentos, não atingiram ainda o núcleo verdadeiro da vocação cristã. Pois ser cristão é assumir para si a *vida de Jesus Cristo*, plasmar sua existência pela dele, participar da aventura por ele vivida, numa palavra, ser cristão é mais *viver uma práxis* do que aceitar uma visão da realidade.

Uma vida dirigida toda ela a proclamar e realizar o Reino de Deus, a soberania de Deus, do Deus que quer uma nova humanidade que participe de sua felicidade por conviver na paz e na justiça. Enquanto discípulo de

Jesus Cristo, o cristão é chamado a continuar na história a missão do Mestre de Nazaré. Aqui se comprova a autenticidade de sua união real a Jesus Cristo, que desmascara qualquer piedade intimista e egocêntrica como não verdadeiramente cristã.

Deus é amor. O amor pressupõe alteridade. Deus é amor trinitário. E é infinitamente feliz. Por ser amor, quis que outros participassem de sua felicidade. Aqui está a *razão última* da criação. Aqui está igualmente a razão última de ter enviado seu Filho para nos orientar em nossa caminhada e o Espírito Santo para nos capacitar a seguir Jesus Cristo. No fundo é toda a Santíssima Trindade a serviço da felicidade humana. Um Deus humilde, porque um Deus amor.

Nossa inteligência permite que possamos conhecer a verdade, o sentido, e o destino de nossa existência, revelado na pessoa de Cristo. Nossa liberdade permite que acolhamos a ação do Espírito Santo que nos permite a adesão na fé a Jesus Cristo. A iniciativa de nos salvar, toda ela, foi de Deus que veio ao nosso encontro. Portanto, tudo o que somos é *dom de Deus*, pura gratuidade, altruísmo total de quem não precisa de nós, mas nos quer felizes.

A única modalidade de revelar plenamente ao ser humano seu projeto para a humanidade era de se fazer humano, *entrar na história*, para poder ser conhecido dentro dos limites da inteligência humana e ser acolhido na opção da liberdade humana, embora, por se tratar do Deus transcendente, a áurea de mistério inalcançável permaneça sempre na pessoa de Jesus Cristo e na ação do Espírito Santo.

Como não existe ser humano em geral, mas sempre alguém bem concreto vivendo em determinado tempo, região, cultura, a pessoa do Filho eterno do Pai irá se fazer presente e se revelar numa época, numa região, numa cultura bem determinada. Portanto, a entrada de Deus na história humana devia dar-se inevitavelmente num momento desta história, num povo determinado, numa linguagem específica, como realmente aconteceu. Tudo o que é *histórico* é particular, limitado, localizado. Este fato, porém, não impede que a iniciativa de Deus, embora realidade histórica, tenha um alcance universal, como pretende a mensagem cristã.

Entretanto, fomos criados, somos limitados, estamos *condicionados*, já que não existe uma inteligência em tudo clarividente ou uma liberdade imune ao contexto real onde atua. Através do corpo, entramos em contato com o mundo e com nossos semelhantes, dele depende nossos conhecimentos e nossos amores. Por outro lado, entretanto, este corpo também limita o nosso conhecer e o nosso agir. De fato, nossa liberdade não consegue concretizar, tornar realidade, o que nossa inteligência lhe indica que deve ser realizado. Portanto, tanto nossa inteligência quanto nossa liberdade encontram-se inevitavelmente situadas, condicionadas, limitadas em suas atividades.

E se este contexto social onde nos encontramos apresenta o que denominamos o "mal", a saber, tudo o que atenta ou diminui a vida do ser humano ocasionado pelos próprios seres humanos, então, tanto a inteligência pode se desviar da verdade, cedendo a leituras errôneas da realidade, quanto a liberdade pode experimentar resistências ao seu próprio agir, cedendo à pressão do contexto onde atua. Teoricamente a liberdade tudo pode, mas a nossa experiência cotidiana é outra.

Consequentemente, nossas ações representam uma síntese inevitável de liberdade e de condicionamentos, sem que possamos claramente distingui-los. Observemos ainda que estes condicionamentos não procedem apenas do nosso contexto vital, mas que brotam também do nosso *interior* como afetos, inclinações, pulsões, instintos em busca de realização, conscientes ou inconscientes, então, é de grande importância conhecê-los e administrá-los (já que não podemos suprimi-los) para mais potencializarem nossa inteligência e nossa liberdade. Naturalmente o peso dos condicionamentos presentes nos atos humanos repercutirá necessariamente no juízo moral sobre tais atos. As ciências humanas nos apontam para pulsões ainda não dominadas e algumas, talvez, não inteiramente domináveis.

E o que diz esta nossa conclusão para o cristão? Primeiramente nos ensina que o seguimento de Cristo não se faz da noite para o dia, mas implica todo um *processo* que se desenrola por toda a nossa vida. O fator tempo não consiste apenas em seu sentido quantitativo (*cronos*), mas como oportunidade oferecida de prosseguirmos no processo de sermos cristãos (*kairós*). Cada dia, ao acordarmos, devemos dizer: hoje quero ser cristão. Ainda mais: como todo ato livre repercute dentro de nós, tornando-nos melhores ou piores, somos em qualquer momento de nossa vida a *resultante* de opções anteriores que a constituíram. Opções que, por serem livres, não mais poderão ser apagadas de nossa biografia: são constitutivas da nossa pessoa, de certo modo são eternas. Nossa eternidade em Deus vai sendo construída no tempo, não é uma realidade que só começa depois da morte.

Outra consequência do que vimos diz respeito à nossa impotência em vencer todos os condicionamentos (tentações) no exercício de nossa inteligência e, principalmente, de nossa liberdade. Vemos o que é bom, aprovamo-lo, mas não conseguimos realizá-lo. Aqui emerge claramente que não só nossa vida é um dom de Deus, mas que nossa fé cristã e nossa salvação construída ao longo de nossa vida também são *dom de Deus*. É o próprio Deus (Espírito Santo) que nos possibilita seguirmos a Cristo (Filho de Deus) para correspondermos à vontade de Deus (Pai). Consequentemente, a realização última e feliz de nossa existência (salvação) não se deve unicamente a nossos esforços, mas ao cuidado de Deus por qualquer um de nós, não devido a nossos méritos, mas unicamente devido a seu amor infinito por todos.

Reconhecer nossa *impotência* de fundo para praticar o bem tem também seu lado bom. Primeiramente porque desfaz nosso sonho de perfeição, nos leva a aceitar nossa fraqueza e confiar na misericórdia de Deus (Lc 18,8-14). Em seguida porque nos torna mais humildes, mais pacientes conosco mesmos, mais realistas, menos exigentes com relação a nossos semelhantes, mais benignos, mais propensos à compreensão e ao perdão, sabendo que não podemos julgar os demais, pois não os conhecemos interiormente, com seus condicionamentos próprios. De fato, só Deus penetra os corações (Mt 7,1).

Também podemos melhor entender a necessidade da *oração* contínua em nossa vida. Pedimos a Deus o que não conseguimos realizar com nossas forças. Igualmente o recurso aos sacramentos, e a tudo o que nos oferece a Igreja, comunidade dos fiéis, em exemplos de vida cristã, verdadeiros estímulos para nossa caminhada, ou em orientações e ensinamentos que iluminam e fortalecem nossos passos.

Aqui já aparece a errônea concepção de "perfeição cristã" encontrada na tradição da Igreja. Não ter falhas, imperfeições, defeitos, incoerências, quedas, enfim, acertar sempre para chegarmos à perfeição não é um imperativo cristão, simplesmente porque jamais conseguiríamos realizá-lo. A perfeição cristã se baseia não numa impecabilidade irrealizável, mas no exercício do amor fraterno (Lc 7,47), tão acentuado por Jesus (Mt 25,31-46; Lc 7,29-37), Paulo (Rm 13,10) e João (1Jo 4,12). Reconhecer nosso fundo egoísta já é uma verdadeira graça de Deus, pois nos faz humildes e mais confiantes na misericórdia divina do que em nossos méritos. Esta fé no amor de Deus nos levará a nos despreocuparmos em ser perfeitos, em buscarmos em vão uma perfeição subjetiva, e a podermos, assim, nos voltarmos para nossos semelhantes em necessidade. Jesus Cristo nunca dramatizou o pecado (Jo 8,11), mas fez dos pecadores que encontrava proclamadores e realizadores do Reino de Deus (Lc 8,2; Jo 4,39).

Segundo Paulo, o pecado não pode ser caracterizado como infração da lei, já que a observância perfeita da lei não é possível, sendo ela, portanto, uma instância de condenação e não de salvação (Rm 4,15). Infelizmente, a crítica de Paulo à observância da lei se verá atenuada e mesmo pouco valorizada com a insistência nos dez mandamentos e na concepção do pecado como infração dos mesmos. Teríamos que colocar o decálogo no horizonte mais amplo do Reino de Deus, pois todo ele apenas quer afirmar que devemos amar nossos semelhantes, não ameaçando o que eles são e o que eles possuem, tal como já o fez o próprio Jesus em seu sermão sobre a montanha (Mt 5,17-48).

"É para a liberdade que Cristo nos libertou" (Gl 5,1). Então o cristão pode fazer o que quiser? Paulo responde: "Porém não façais da liberdade um pretexto para servirdes à carne. Pelo contrário, fazei-vos servos uns dos outros pelo amor. Pois toda a lei se resume neste único mandamento: Amarás o teu próximo como a ti mesmo" (Gl 5,13s).

A liberdade do cristão é fruto da atuação do Espírito Santo nele, pois "onde está o Espírito do Senhor, aí está a liberdade" (2Cor 3,17), a saber, o cristão está livre das normas, mas sujeito à ação do Espírito Santo em sua pessoa. "Se vivemos pelo Espírito, andemos também sob o impulso do Espírito" (Gl 5,25). Daí observar Santo Tomás de Aquino que os preceitos dados por Cristo são pouquíssimos, porque a lei de Cristo não é uma norma que vem de fora, porém, mais propriamente um dinamismo interior, uma força divina, a graça do Espírito Santo, uma lei infundida, não escrita, a fé operando pelo amor (S.Th. I-II q.106 a.1).

Apesar de textos tão claros e incisivos, constatamos na tradição cristã certo retorno ao Antigo Testamento, certo legalismo, certa preocupação bem maior com a norma do que com os impulsos do Espírito Santo. Para alguns estudiosos deste fenômeno, a razão estaria no *medo à liberdade* que nos proporciona o Espírito Santo. Pois, vista em toda sua amplitude, esta liberdade é bastante mais exigente do que normas concretas, porque o dinamismo do Espírito é o de nos levar ao amor fraterno, lançando-nos, assim, numa aventura incontrolável, tendo em vista que não sabemos com que rostos necessitados iremos nos deparar no curso de nossa vida. Normas limitadas e passageiras podem ser observadas e nos deixarem com a consciência tranquila.

Este fato irá afetar até a noção de pecado, vista normalmente como infração a uma norma. Segundo a Bíblia, pecado diz respeito em sua grande maioria, sobretudo, às relações humanas. Podemos também entender os pecados contra Deus como ações contra o projeto salvífico de Deus, o Reino de Deus, que é exatamente o projeto de uma humanidade fraterna e solidária. Nem Jesus deu importância especial às falhas e deficiências no culto a Deus ou às tradições religiosas tidas como vontade de Deus. O pecado atinge sempre meu próximo, pois somos seres sociais, influenciando-nos mutuamente. É interessante observar, neste sentido, que para Jesus pecado é se omitir na ajuda ao semelhante em necessidade, portanto, para ele *pecados de omissão* são tão importantes a ponto de poderem ocasionar uma condenação eterna (Mt 25,41-46), embora tal verdade nem sempre se encontre na consciência de muitos cristãos.

Também foi observado por que as pessoas temem a liberdade. Pois ser livre é poder e dever tomar decisões a partir de si mesmo, na solidão existencial própria de cada um, sem se apoiar em outros ou em normas exteriores. *Medo da liberdade*, medo da responsabilidade dela decorrente, medo das exigências do amor fraterno. Porém, aderir apenas a normas religiosas acaba gerando mediocridade e uma falsa boa consciência que nada têm a ver com a mensagem cristã. O próprio Jesus deixou isto bem claro em seu enfrentamento com os fariseus, ao relativizar as normas diante de alguém em necessidade. Reduzir a vivência cristã a algumas práticas facilita a adesão de muitos, mas enfraquece sua verdade, seu sentido e sua eficácia na história humana: ser sal da terra, ser luz do mundo (Mt 5,13-15).

Um tanto esquecido na tradição latina do cristianismo, o Espírito Santo é fundamental para a vida cristã: Ele nos leva a crer em Jesus Cristo (1Cor 12,3), habita em nós (Rm 8,9), nos torna filhos de Deus (Rm 8,14), nos faz ousar clamar a Deus como Pai (Rm 8,15; Gl 4,6), rezar como se deve (Rm 8,26), termos acesso aos dons de Deus (1Cor 1,12), e ainda é garantia da nossa vida eterna (Rm 8,11).

Mais ainda. A Palavra de Deus só é recebida como tal pela ação prévia do Espírito Santo, como nos ensina o episódio de Lídia (At 16,14). Os sacramentos só são tais pela ação do Espírito, seja o Batismo (1Cor 12,13), seja a imposição das mãos na Ordenação (1Tm 4,14; 2Tm 1,6), seja o perdão no sacramento da Reconciliação (Jo 20,22s), seja a invocação do Espírito Santo na Eucaristia (epiclese). Igualmente a comunidade eclesial se fundamenta pela comunhão (participação) dos fiéis no mesmo Espírito Santo (2Cor 13,13).

Imaginamos por "vontade de Deus" algo pétreo, fixado de antemão, que deve ser cumprido a todo custo, independentemente das circunstancias, das limitações, das possibilidades reais. Um imaginário a ser corrigido. Pois a *vontade de Deus*, revelada por Jesus Cristo, consiste em se comprometer com a realização do Reino de Deus no seguimento de Jesus Cristo, fazendo o bem como o Mestre de Nazaré (At 10,38). Numa palavra, viver descentrado de si mesmo, viver para o outro, viver fazendo de sua vida um dom, viver levando vida aos demais como Jesus (Jo 10,10). E, como somos limitados, como os apelos do próximo são numerosos, emerge logo a questão: o que é de fato a vontade de Deus para mim na situação concreta onde me encontro?

Daí a necessidade do *discernimento contínuo* na vida do cristão sempre em vista de acertar com o que "agrada ao Senhor" (Rm 12,2; Ef 5,10), isto é, com a vontade de Deus nesta situação. Condição primeira para um autêntico discernimento é a liberdade interior que nos concede a ação do Espírito Santo em nós. Ela nos proporciona uma nova mentalidade (Rm 12,2), uma nova maneira de olhar a realidade e as pessoas (Ef 4,22s), o olhar de Jesus. Portanto, o discernimento brota do mais profundo de nós mesmos, sob a ação dos impulsos do Espírito Santo. Não nos devemos envergonhar de sermos diferentes, porque não nos conformamos ao mundo presente (Rm 12,2).

E quanto mais nós formos fiéis à ação do Espírito, tanto mais praticaremos o amor fraterno, tanto mais seremos cristãos, tanto mais conseguiremos perceber para onde nos leva o Espírito, pois nossa afetividade espiritual *sintoniza* com sua atuação em nós. Crescemos na capacidade de discernir conforme crescemos em uma vida para os demais. Por isso mesmo o critério último e decisivo de nossas opções vem a ser a própria pessoa de Jesus Cristo, uma vida para que tenhamos vida (Jo 10,10).

Comprovamos ter acertado no discernimento pelo mesmo critério que atesta a autenticidade de uma vida realmente cristã, a saber, pelos seus frutos (Mt 7,16-20). Somos diante de Deus o que realizamos, não só o que sentimos ou desejamos. Portanto, os frutos do Espírito descritos por Paulo (Gl 5,22s) não são normas de conduta, mas *manifestações* da atuação do Espírito Santo, que vem, afinal, a ser uma só, isto é, o amor fraterno, que se expressa nas demais (Gl 5,22; Ef 5,9).

Entretanto, sempre existe a possibilidade de interpretarmos *erroneamente* como ação do Espírito Santo e, portanto, como o que Deus quer de nós, algum impulso interior, em si bom e louvável, mas que não representa a vontade de Deus neste momento, podendo nos levar a decisões com maiores danos a nós e aos demais. Nem todo bom desejo é vontade de Deus. Importante aqui são os frutos do Espírito, cuja ausência já demonstra um discernimento malfeito.

Seguir os impulsos do Espírito não significa prescindir do conhecimento da *situação real* onde nos encontrarmos, como pressuposto anterior ao discernimento, nem da escuta de outros, pois podemos facilmente nos enganar. Nenhum ser humano decide exclusivamente a partir de sua interioridade. Não devemos cair num voluntarismo moral que não dê atenção aos demais, nem perceba a presença de Deus nos eventos, como se passa com alguns "virtuosos inflexíveis". Igualmente devemos ser realistas e estar conscientes das condições prévias e das consequências posteriores a nossa decisão.

Mesmo não sujeita a normas fixas e aberta à ação do Espírito, a vida do cristão não consiste numa série de reviravoltas e mudanças contínuas. Pois o passar dos anos, os compromissos assumidos, a limitação do vigor físico e intelectual, diminuem bastante o espaço para ulteriores discernimentos, embora o Espírito atue mais em vista de uma vida cristã mais autêntica e de melhor *qualidade* do que em vista de novos compromissos pelo Reino de Deus.

De qualquer modo, enquanto acionada pelo Espírito Santo, a vida do cristão mais se assemelha a uma *caminhada*, exigindo respostas novas aos desafios que possam surgir, levando a um crescimento existencial jamais concluído no amor fraterno, no amor a Deus ou no compromisso real pela causa do Reino de Deus. Assim, o cristão deve viver comprometido com o Reino, como Jesus, certamente uma tarefa difícil, mas possibilitada pelo Espírito Santo que o acompanha sempre nesta caminhada. Compete-lhe saber invocá-lo e nele confiar.

9. Como rezar?

Imaginamos frequentemente a oração como uma atividade espiritual *sobreposta* à nossa vida cotidiana ou mesmo à nossa vida de fé. Impressionam-nos suas expressões belas e profundas, ou simplesmente os sentimentos que despertam em nós tais expressões. Experimentamos ainda, algumas vezes, facilidade e gosto por rezar, outras vezes, aridez e dificuldade de concentração. Lutamos para alcançarmos certa *regularidade*, pois sempre ouvimos falar de sua necessidade na vida do cristão. Daí a importância de termos uma ideia mais clara e verdadeira sobre a oração.

Deixemos bem claro, logo de início, que uma vida de oração não pode nascer de espiritualidades, de metodologias, de descrições ou de sínteses alheias, pois é uma realidade que envolve a pessoa, que necessita ser praticada, que pressupõe compromisso e mesmo renúncia, que necessita, numa palavra, da *experiência pessoal*. Não se aprende a nadar ou a andar de bicicleta com teorias precisas, mas ao corrermos o risco de aprender pela prática. Assim também com a oração: aprendemos a rezar, rezando. Verdade fundamental que não invalida o que vem adiante, mas aponta para seu *pressuposto* indispensável.

Toda e qualquer oração cristã deve ter seu fundamento na *oração de Jesus Cristo*, não só modelo de vida, mas também de oração para qualquer cristão. A oração era frequente na vida de Jesus, como nos relatam os Evangelhos, sobretudo o de Lucas. O que a caracteriza mais fortemente é o fato de que se encontra sempre intimamente *relacionada* com os eventos concretos da vida de Jesus. Sabemos que sua vida se concentrou toda ela em fazer a vontade do Pai, a saber, proclamar e realizar o Reino de Deus. A missão que o Pai lhe incumbira não só explica sua vida como também sua oração.

Ao receber o batismo, início de sua vida pública, Jesus rezava (Lc 3,21), diante de decisões importantes como a escolha dos doze (Lc 6,12s), ou de certos milagres (Mc 9,29; Lc 9,10), ou mesmo em momentos trágicos como no Getsêmani (Mt 26,36-46) ou na cruz (Mt 27,46), Jesus rezava. Também sua alegria por constatar que sua mensagem era acolhida pelos mais simples se expressou numa oração (Mt 11,25). Certamente foi uma *realidade constante* em sua vida, fugindo mesmo para locais desertos para orar (Mc 6,46). Uma oração que não consistia em repetir mecanicamente formulações tradicionais, mas que brotava dos *desafios de sua própria vida* consagrada ao Reino de Deus. Não se pode entender sua oração a não ser como intimamente ligada a sua vida. Daí entendermos o pedido dos discípulos para lhes ensinar a rezar (Lc 11,1).

O que caracteriza o cristão consiste em assumir a vida de Cristo: o que distingue a oração cristã funda-se em assumir a *oração de Cristo*. Portanto, uma oração profundamente relacionada com sua missão pelo Reino, com sua pessoa, com sua vida de cada dia. Neste sentido, a oração cristã brota da vivência da fé em Cristo, apresenta uma estrutura trinitária (ao Pai no Espírito), inclui necessariamente o cuidado com o outro, não podendo ser reduzida apenas ao indivíduo e Deus, nem avaliada pela capacidade de concentração, pela presença de fortes sentimentos ou pela profundidade de sua compreensão das verdades cristãs.

Consequentemente, a oração cristã será mais autêntica e verdadeira na medida em que se enraizar e fortalecer numa vida realmente cristã. É o que distingue a oração cristã das demais orações presentes em outras religiões. A mística cristã é essencialmente uma *mística cristológica*, mesmo sem uma referência explícita a Jesus Cristo, por ser direcionada ao Pai, ao qual se dirige também a oração de Jesus. É uma mística que não pode prescindir do projeto do Pai para a humanidade, revelado por Jesus Cristo e levado adiante por seus seguidores, os cristãos.

Portanto, sem desmerecer condicionamentos tradicionais para a oração como o silêncio, a paz de espírito, o isolamento, o local propício, o método adequado, o condicionamento decisivo para a oração cristã, vem a ser a *própria vida* de quem reza. Uma vida em sintonia com a de Jesus Cristo, uma vida voltada para a promoção do Reino, uma vida de doação aos demais. Deste modo, a oração não deve afastar o cristão do convívio com seus semelhantes, nem permiti-lo ignorar a *realidade* na qual vivem. Alegrias e tristezas, desafios e respostas, situações de desamor e de injustiça, iniciativas de solidariedade, tudo o que se encontra na sociedade deveria estar presente na oração. A oração cristã nunca pode limitar-se apenas ao indivíduo. Pelo contrário, ela deve nos levar a ver a vida com maior profundidade, a termos uma atitude mais crítica diante da sociedade, porque a consideramos sob a luz da fé.

Muitos sentem grande dificuldade com a oração por lhes faltar o fundamento da mesma: uma fé cristã *realmente vivida*. Pois na oração se manifesta o que realmente é cada um, não aquilo que imagina ser. Para alguns um encontro doloroso com seu verdadeiro "eu". Ocasião propícia para uma mudança de vida, para uma escuta fecunda do que lhe diz o Espírito de Deus, para um crescimento na maturidade humana e cristã. É no silêncio da oração que conseguimos ver-nos com mais verdade, reconciliarmo-nos conosco mesmos e com os outros, reconhecer nossos limites e falhas, realmente experimentar a misericórdia de Deus, prosseguir na vida com mais paz e alegria por estarmos mais conscientes do que somos realmente. A oração sempre transforma os que nela ousam entrar.

Para muitos, a dificuldade maior na oração está num pressuposto básico e pouco agradável: pôr-se diante de Deus a partir do que *cada um realmente é*, e não a partir do que cada um se imagina ser. O desnudar-se de seus medos, suas defesas, suas racionalizações, sua fragilidade, sua solidão, provoca no homem repulsa e medo. Mas é um passo necessário. Ele é realmente frágil e vulnerável, carente e pecador como o publicano da parábola de Jesus (Lc 18,13). Do contrário, a oração constituirá uma ilusão por girar sempre em torno do que cada um imagina ser, dos juízos que emite sobre a realidade e os outros, confirmando seus pontos de vista e iludindo-o por não se encontrar com Deus, senão apenas consigo mesmo. Há pessoas que se julgam muito "espirituais", mas são de enorme dureza em julgar os demais, em defender obstinadamente suas opiniões, em sonhar com o irrealizável.

Outro pressuposto para uma autêntica e verdadeira oração cristã consiste em aceitar Deus como Deus, isto é, como *mistério* que não se identifica com as imagens que dele fazemos. Deus é transcendente, é inalcançável, nunca se deixa encerrar num conceito ou ser manipulado. Não o tenho porque o penso ou o sinto, mesmo em momentos de profunda paz, alegria, segurança, que podem ser *sinais* de minha intimidade com Deus, mas sinais que não são propriamente Deus. Importante ressalva que nos livra da ilusão de rezar a um Deus representado à nossa imagem e semelhança para satisfazer nossas necessidades pessoais. Estamos então nos dirigindo a Deus ou monologando conosco mesmos?

Não só as ideias sobre Deus podem nos iludir ao garantir que realmente estamos nos dirigindo a ele, mas também podemos achar que determinados locais ou tempos, que julgamos mais propícios ao encontro com Deus, nos garantem sua presença e, assim, podemos nos iludir. Não se nega a importância do silêncio, da atmosfera, do tempo forte de oração, do recurso a Deus diante dos desafios existenciais. Mas tudo isso pode ser muito *ambíguo*, pois podemos estar atrás de segurança, de satisfação de problemas, de reforço para nossas convicções pessoais. Como comprovar que nos dirigimos realmente a Deus?

Aqui podemos verificar como a oração de Jesus Cristo é realmente a que deve ser a oração do cristão. Toda ela se orienta na linha da realização do Reino de Deus ou da vontade do Pai. Uma oração que não busca satisfazer necessidades, mas *corresponder* gratuitamente ao desejo de Deus, implica não só reconhecer Deus em sua absoluta autonomia, mas também buscar harmonizar o desejo próprio com o desejo divino. A oração cristã requer, portanto, renúncia aos próprios projetos, expectativas, necessidades, para assumir os que são de Deus, um procedimento que exige profunda confiança e abandono nas mãos de Deus. No fundo, um autêntico exercício de fé.

Desejar corresponder ao desejo de Deus significa desejar Deus, significa, sem mais, rezar. *A oração é o próprio desejo*. Uma oração que brota de uma vida cristã autêntica e que a acompanha sempre, uma oração contínua que expressa uma fé consciente de si mesma, que a oxigena e a nutre, como também que cresce e se desenvolve conforme se progride na vida cristã. Uma oração inserida em nossa vida concreta, vida que procura plasmar-se pela de Cristo na obediência à ação do Espírito Santo em nós.

Buscar satisfazer *necessidades* na oração não faz jus à oração propriamente cristã, porque propriamente não busca a Deus, mas resolver problemas próprios. Mesmo se realizada com regularidade, ela acentua uma personalidade voltada para si mesma, para seus problemas, ignorando frequentemente o que se situa além de seu pequeno mundo. Deste modo, a pessoa encontra uma imagem de Deus projetada por si própria, que lhe dá segurança e consciência de estar bem com Deus. Assimila a Palavra de Deus não como tal, mas dentro de sua percepção própria. Assim, enfatiza e se torna prisioneira de seu próprio subjetivismo. A oração frequente não a liberta de seu limitado horizonte e a faz rechaçar o que aí não entra. Etapa infantil da criança que busca na mãe alimentação, proteção e carinho. E que só vai realmente amá-la quando desejá-la pelo que ela é, e não pelo que lhe proporciona.

Quando tomamos consciência de que existimos devido a uma opção prévia de Deus que, por pura gratuidade, nos chamou à vida, que sem merecimento algum de nossa parte nos enviou seu Filho para nos iluminar em nossa caminhada neste mundo, e que ainda nos concede seu Espírito, sua força para nos sustentar nesta aventura que é a vida humana, então constatamos que talvez a modalidade suprema de nossa oração devesse ser a *oração da gratidão*. Agradecer diariamente a Deus pelo que somos, pelas vitórias que conseguimos, pelas cruzes que suportamos, que nos enrijecem e fortalecem, pelas pessoas que colocou em nosso caminho, por sua misericórdia sempre pronta a nos perdoar e a nos oferecer nova chance, enfim, por nos fazer viver com sentido e esperança numa época de profunda crise como a nossa.

A tendência observada pelos que praticam regularmente a oração é a de uma *crescente simplificação*. O uso da inteligência, da imaginação, da memória e da própria vontade não é tão decisivo com o correr dos anos. Não se busca resolver problemas, entender melhor o Evangelho, conhecer mais Jesus Cristo, achar soluções para desafios prementes, restabelecer certo equilíbrio psicológico. O objetivo é simples: estar com Deus numa atitude mais passiva, gratuitamente, sem indagar por frutos e conclusões. Rezar por rezar. Oração difícil, pois exige que saiamos de nós mesmos, que abandonemos nossos modos de ver, que nos apresentemos em nossa pobreza diante de Deus, que saibamos "perder tempo" com Deus por ele ser Deus. Naturalmente alguém que se esvazia de si próprio, torna-se mais capaz de acolher a ação de Deus que nele se mostrará fecunda. Já profetizava Isaías: "os meus pensamentos não são os vossos pensamentos, e vossos caminhos não são os meus caminhos, diz o Senhor" (Is 55,8). Daí que o crescimento espiritual implica maior *passividade* diante de Deus, maior abertura a sua vontade.

Todos nós conhecemos diversas modalidades de oração: adoração, louvor, agradecimento, petição, ou arrependimento, mas fundamental é que todas elas, de fato, expressem a *oração fundamental* da vida pelo Reino de Deus. *Adoramos* o Deus revelado em Jesus Cristo, *louvamos* um Deus que tem um projeto histórico, *agradecemos* o que dele recebemos também por incidir na vinda do Reino, submetemos à sua vontade primeira os nossos pedidos, e nos arrependemos, pois nossas faltas prejudicam a realização deste Reino. Deste modo, a nossa oração não girará em torno de nós mesmos, das nossas ideias e projetos, numa palavra, como já mencionamos, em torno das nossas necessidades.

Embora Deus já saiba do que necessitamos, tem sentido a *oração de petição*. Pois ela revela nossa insuficiência, nossa fraqueza, nossa incapacidade, tornando-nos humildes e descrentes de nossos próprios recursos, mas confiantes na força de Deus. O gesto de Deus em nosso favor pressupõe um coração disposto a receber dele seus dons realmente como dons, a saber, gratuitos, imerecidos.

A vida de oração nunca se apresenta com a regularidade que desejaríamos. Como toda realidade humana, ela tem seus altos e baixos, seus momentos de plenitude e de esvaziamento. E ainda por sermos seres históricos que se transformam com os anos. Deste modo, a melhor oração é aquela que vem ao encontro da nossa situação existencial, que alimenta nossa vida de fé, que nos possibilita sermos mais humanos, que introduz a experiência mística em nossa vida cristã.

A contemplação de uma imagem religiosa ou de um vitral com alguma cena evangélica pode nos colocar em atitude de oração, assim como uma música ou uma canção de cunho cristão. Os mais simples permanecem diante do presépio contemplando a cena, ou envolvendo-se afetivamente ao olhar um crucifixo, em silêncio, sem necessidade de palavras.

A contemplação dos *mistérios da vida de Jesus Cristo*, como propõe Santo Inácio nos *Exercícios espirituais*, constitui uma modalidade de oração de grande importância para o cristão. Trata-se de contemplar alguma cena dos Evangelhos, sem procurar encaixá-la logo em nossa maneira de considerar as coisas. Procurar deixar que a cena, as pessoas, os eventos nos falem por si mesmos. Oração que exige um sair de si mesmo, uma fidelidade ao dado objetivo, um deixar-se envolver pela cena contemplada. Como tudo o que é simples, isso exige tempo e constância para o experimentarmos devidamente. O fruto desta modalidade de oração não surge como imaginamos, em forma de noções, intuições, aprofundamentos das verdades cristãs. Pois o mesmo consiste num *conhecimento mais pessoal*, interno, da pessoa de Jesus Cristo haurido da própria contemplação, uma sintonia maior com o jeito de ser de Jesus, um crescimento não intelectual, mas existencial e afetivo com o próprio Jesus Cristo.

Tenhamos muito presente que toda a vida de Jesus Cristo, suas palavras e suas ações, constituem *revelação de Deus*. É sua vida que nos manifesta quem seja Deus, não um Deus qualquer, mas o Deus de Jesus Cristo, assim como chegarmos até ele (Jo 14,6). E não só, pois revela o que deve ser o homem para Deus, pois Cristo como homem perfeito, em tudo obediente ao Pai, revela nossa *identidade última* de seres humanos, como afirma o Concílio Vaticano II (GS 22). Este fato ressalta e valoriza o papel das contemplações evangélicas: todos os mistérios da vida de Cristo nos dizem respeito. Crer em Jesus não é o mesmo que saber sobre Jesus.

A contemplação dos mistérios da vida de Jesus não consiste numa recuperação *imaginosa* do que ocorreu no passado. Pois o Jesus Cristo ressuscitado e glorioso que invocamos em nossa fé é o mesmo Jesus que teve todas estas experiências humanas, de alegria e de dor, de amizade e de hostilidade, de admiração e de decepção, sendo que tais experiências constituem sua história, sua biografia, numa palavra, sua *pessoa*. Ao encontrá-lo nas contemplações evangélicas, estamos encontrando o Cristo verdadeiro da nossa fé. Essas cenas evangélicas adquirem, assim, uma atualidade *sui generis*, não são meros eventos do passado, de tal modo que, ao contemplá-las, estamos lidando com o Cristo *hoje vivo* junto do Pai.

As contemplações evangélicas nos fazem assimilar paulatinamente o modo peculiar com que Jesus Cristo olhava o mundo e as pessoas, e como suas ações correspondiam a seu olhar. Elas nos ajudam a olhar a realidade com o *olhar de Jesus*, que também poderia ser caracterizado como o olhar da fé, pressuposto fundamental para que nosso agir seja realmente cristão. É conhecida a expressão: "contemplativo na ação", a qual poderia ser completada por outra: "contemplativo na relação", isto é, nas relações interpessoais, decisivas para comprovar a autenticidade de nossa fé cristã (Mt 25,34-46). Nosso modo de ver condiciona o nosso modo de agir.

As *orações vocais* que aprendemos desde crianças conservam todo o seu sentido, desde que não sejam apenas recitadas mecanicamente. Repeti-las lentamente pesando cada termo nos ajuda a melhor interiorizar o seu conteúdo, impregnando assim nossa vida cotidiana. Nunca ficar prisioneiro apenas da letra, mas saber ultrapassá-la para um encontro real com Deus. O ritmo lento e regular do canto gregoriano na salmodia das ordens contemplativas muito contribui para esta finalidade.

A oração, quando realizada com fidelidade, apresenta uma *pedagogia própria*: ela nos ensina a deixarmos de nos apoiar em nós mesmos e a esperar de Deus o que buscamos. Adentramos e experimentamos o "âmbito da fé": deixar que Deus disponha de mim, aprender a escutá-lo, deixar Deus ser Deus vivencialmente, ultrapassar o nível moral e entrar no plano da vida espiritual, isto é, da vida suscitada e animada pela ação do Espírito Santo. Só na fidelidade à oração se consegue perceber, discernir e reagir a esses estímulos vindos de Deus. Realmente *vida espiritual* e não mera repetição de atos religiosos.

Consequentemente, é de grande importância perceber os *impulsos vindos do Espírito Santo*, que atuam respeitando a realidade pessoal de cada um, e saber interpretá-los e acolhê-los conscientemente. São os estímulos para o bem cuja presença gera paz, confiança e alegria naqueles que caminham no seguimento de Cristo. Contrariamente, nos pecadores provocam inquietação, angústia e tristeza para fazê-los mudar de vida. Sendo assim, pensamentos e sentimentos que ocasionem perda de paz e de alegria nos que vão bem não provêm de Deus.

Peçamos a Deus que, por meio de seu Espírito, nos ensine a rezar, a oxigenar nossa fé, a tornar a oração pessoal um *hábito cotidiano*, a manifestar ao Pai de Jesus Cristo nossas dúvidas, desafios, medos e sofrimentos, enfim, a realidade de nossa vida, como fez o próprio Jesus. Naturalmente isso exige dedicação, renúncia, constância, mas vale a pena porque transforma e qualifica nossas vidas.

10. POR QUE A OPÇÃO PELOS POBRES?

Este tema sobre os pobres deveria ser escrito por aqueles e aquelas que dedicaram suas vidas a participar das dificuldades e sofrimentos dos mais esquecidos, marginalizados e humilhados da sociedade. São os *mais aptos* para tratarem deste tema. Confesso, portanto, já de início que me sinto constrangido em fazê-lo por não ter vivido esta experiência em toda sua radicalidade. Mas, por outro lado, não quis omitir esta temática devido a sua importância na vida de Jesus.

Entendemos o termo "pobre" numa *acepção mais ampla*: indicaria todos que se encontram numa situação de inferioridade, de fraqueza, de impotência, carentes de recursos materiais ou de reconhecimento social, portanto, marginalizados e desconsiderados na sociedade. As causas desta nefasta situação são de cunho econômico, cultural, étnico, religioso, todas elas descriminando e fazendo sofrer pessoas inocentes. A história da humanidade comprova abundantemente o que afirmamos.

Para nós, cristãos, há um fato da revelação de Deus que questiona profundamente a lógica humana e cujas consequências dificilmente são consideradas e vividas pelos próprios cristãos. Trata-se da *opção peculiar*, por parte do próprio Deus, de entrar na história humana para levar a humanidade a uma convivência fraterna e solidária que a tornasse realmente a família de Deus. O projeto do Reino de Deus manifestado na vida e nas ações de Jesus Cristo implicava obediência à soberania de Deus e, consequentemente, *relações humanas* marcadas pelo amor e pela justiça. Confessamos que Deus é bom, que Deus é amor. Portanto, que ele quer o bem e a felicidade dos seres humanos. Entretanto, tal só será possível se as *relações pessoais e sociais* forem qualificadas pelos valores da fraternidade e da justiça.

O projeto de Deus, manifestado por Jesus Cristo ao anunciar o Reino de Deus no início de sua vida pública, seja pela sua pretensão universal, seja pela fragilidade e pelo egoísmo, próprios da condição humana, seja ainda por dever atingir todos os setores da vida humana, resultava ser de tal amplitude que deveria utilizar e servir-se dos melhores meios e instrumentos para sua *realização efetiva*. Entretanto, os Evangelhos nos apresentam exatamente o contrário do que esperávamos.

O local escolhido por Deus foi uma província periférica e sem importância do grande Império Romano, foi uma região desvalorizada da Palestina, a Galileia, foi uma família humilde e sem recursos ou prestígio social, enfim, tudo ao contrário do que pedia uma *lógica humana*. Portanto, levar adiante o projeto do Reino através da fragilidade, da pobreza, da carência de recursos ou de prestígio que, mais tarde, fará com que São Paulo afirme que o poder de Deus se manifesta na fraqueza do homem (2Cor 12,9s).

Este fato nos faz pensar. Por que, dispondo de várias modalidades para entrar na história da humanidade, Deus quis que seu Filho nascesse entre os pobres, com todas as consequências resultantes desta opção? Aqui se encontra um dado da fé cristã que nem sempre foi devidamente valorizado. Os estudiosos dos primeiros anos do cristianismo atestam que seu crescimento inaudito derivou, em grande parte, da entrada maciça de grandes contingentes das classes sociais mais carentes de recursos materiais e de reconhecimento social, mesmo em meio a perseguições por parte das autoridades civis. Sabemos que esta situação mudou fortemente ao se promover o cristianismo a religião oficial do Império Romano. Mas a preferência de Deus pelos mais desprezados da sociedade permanece um *dado da fé cristã* que deveria estar mais presente na reflexão teológica e na pastoral da Igreja. Pois "existe um vínculo indissolúvel entre a nossa fé e os pobres" (Francisco, *A alegria do Evangelho* 48).

Pois o núcleo do cristianismo está em Jesus Cristo que não pode ser desvinculado de sua missão: proclamar e realizar o Reino de Deus. A partir desta sua missão se revela o desígnio salvífico de Deus para a humanidade e, ainda mais, se manifesta o próprio Deus como Pai, como amor e misericórdia infinita, um Deus sensível aos sofrimentos dos mais fracos, seus preferidos. Numa palavra, um *Deus que opta* pelos que sofrem e, assim, revela seu amor pelos seres humanos. Deste modo aprendemos da vida e da pregação de Jesus Cristo, cuja missão foi realizada a partir "de baixo" e não através do poder, do prestígio e dos recursos materiais. Fato este reconhecido pelo próprio Jesus Cristo que bendize seu Pai por haver revelado sua salvação não aos sábios e entendidos, mas aos mais simples (Mt 11,27) e, também, por Paulo que afirma ter Deus escolhido o que não conta aos olhos do mundo para confundir os poderosos e sábios (1Cor 1,27-29).

Jesus se solidarizou com aqueles que não tinham voz nem vez na sociedade, como os doentes, os pobres, os pecadores e as mulheres. Para estes a proclamação do Reino de Deus era uma ótima notícia, pois trazia *vida* para os que dela careciam. De fato, curar os enfermos, ressuscitar os mortos, purificar os leprosos, expulsar os demônios (Mt 10,8), significam numa palavra "dar vida". Esta vida querida por Deus tem início já neste mundo e chegará a sua plenitude na vida eterna.

Portanto, para o cristianismo a religião vale enquanto defende e promove a vida, enquanto corresponde à vontade de Deus. Podemos mesmo afirmar que ela se funde com a vida, consiste em dar vida e se expressa numa vida solidária com os necessitados. Aqui reside o culto autêntico (Rm 12,1; Hb 13,16). O sacrifício de Cristo não foi de cunho ritual, como os do Antigo Testamento, mas de cunho existencial (Hb 10,5-10), pois Deus não quer sacrifícios e sim misericórdia (Mt 9,13; 12,7). Há uma mudança significativa na noção de sacrifício: não se trata de procurar aplacar a divindade, mas de *viver solidariamente* pelos demais. *Tudo* o que encontramos no cristianismo como religião, a saber, doutrinas, celebrações, normas morais, espiritualidades e práticas devocionais, deve estar voltado para vivermos uma vida cristã, uma vida descentrada de si mesma, uma vida qualificada pelo amor e pela entrega aos mais necessitados. Não se justifica por ser exigências ou obrigação, norma ou ritual religioso, e sim porque nos leva a dar vida aos demais realizando o projeto de Deus para a humanidade.

O critério supremo que nos julgará no final da vida consiste em *nosso comportamento* diante de nossos semelhantes necessitados e não se cumprimos ou não nossos deveres religiosos. "Vinde, benditos de meu Pai, e recebei em herança o Reino que meu Pai vos preparou desde a criação do mundo; pois eu estava com fome, sede, forasteiro, prisioneiro, doente, e me atendestes, já que estes pequenos são meus irmãos (cf. Mt 25,34-40).

Observando a tradição do cristianismo constatamos, entretanto, que esta verdade, tão central da nossa fé, muitas vezes não conseguiu o lugar de destaque que lhe competia. Certamente houve um excesso de racionalização da fé cristã que acabou por enfatizar demasiado seu aspecto doutrinal, seus ritos sacramentais, suas normas jurídicas. Simultaneamente ganhou peso na pastoral a noção de "virtude", desconhecida nos Evangelhos, importada do estoicismo, que acabou por concentrar os esforços do cristão em seu aperfeiçoamento próprio, relegando a segundo plano o cuidado pelos necessitados.

Entretanto, o imperativo cristão de levar vida aos próprios semelhantes, sobretudo aos menos honrados e valorizados na sociedade, se revela de difícil execução. Exige *luta contra* o próprio egoísmo, interesses, medos, comodidades, sonhos de poder e de riquezas. A *oração* aqui se revela imprescindível, já que sem a assistência do Espírito Santo não conseguiremos realizar o amor fraterno que caracterizou a existência de Cristo e que deve caracterizar também a vida dos cristãos (Jo 13,35). Aqui, sim, a prática das virtudes se impõe, não em função de um aperfeiçoamento próprio, mas para *nos capacitar* a ajudar o necessitado.

Como seria qualitativamente diferente uma Igreja que valorizasse a solidariedade cristã por parte de seus membros, assim como ela prestigiou no passado a fiel observância doutrinal, a execução exata de seus ritos, a frequência em suas celebrações. Seria uma Igreja mais simples e mais despretensiosa, porém seria mais autêntica, mais aceita pela sociedade, mais fecunda em sua missão. Pois proclamaria sua fé fundamentada em seu *testemunho de vida*.

Neste particular vejo como uma dificuldade importante na pastoral da Igreja traduzir e concretizar a mensagem evangélica em práticas de vida dela decorrentes. Mesmo conscientes de que devem ser colaboradores de Deus em seu projeto pelo Reino, a saber, pela vida em toda a sua amplitude, muitos cristãos provindos de outras classes sociais que não a dos pobres, dotados de melhor formação cultural e recursos materiais, embora absorvidos por compromissos e às voltas com falta de tempo, querem ajudar, mas frequentemente não sabem *como fazê-lo*. A Igreja consegue convencê-los, mas não lhes oferece sempre *mediações reais* para que ponham em prática suas convicções. Este problema já não acontece tão fortemente entre as classes mais pobres, que conseguem ajudar eficazmente seus semelhantes a partir de suas mais simples condições de vida.

Outro sério desafio feito aos cristãos provém da própria sociedade de consumo, como experimentamos em nossos dias. As empresas comerciais aliadas a uma comunicação midiática de ótimo nível acabam por seduzir muitos a considerarem como bens necessários o que antes não passava de objetos supérfluos. E, como as fábricas necessitam vender para continuarem produzindo, a pressão social a um consumo sempre maior se assemelha a uma sinfonia inacabada. Esta pressão deixa a muitos insatisfeitos e ansiosos por não conseguirem satisfazer todos os seus desejos. Devemos aprender a viver com mais *sobriedade*, felizes com o que já temos, valorizando o que a vida já nos oferece, como tão bem nos adverte o Papa Francisco (*Louvado sejas* 222-225).

A falta de um *contato direto* com a vida real das classes mais pobres, ou mesmo de outras classes atingidas pelo desemprego ou pelo alto custo da assistência médica, torna muitos na Igreja *insensíveis* a este drama de seus semelhantes. Cultivam uma vida espiritual mais intimista e devocional, aliada a um gasto supérfluo em viagens frequentes, despesas fúteis ou compras desnecessárias. Infelizmente desta tentação não estão imunes nem membros do clero ou da vida religiosa. Então se compreende a rejeição de tais pessoas à reforma empreendida pelo Papa Francisco em prol de uma Igreja mais pobre.

Para muitos, o contato direto com o pobre significa entrar num contexto sociocultural *diferente* do próprio, e, portanto, estranho e desconhecido. Podem se sentir inseridos numa outra classe social que não é a sua. Este fato exige deles muita motivação e generosidade. Apesar desta dificuldade, isso se revela *imprescindível* para que experimentem os sofrimentos dos pobres e não os reduzam a números frios e impessoais, como costuma acontecer com algumas autoridades constituídas. Uma autêntica consciência social não se origina do conhecimento teórico da miséria alheia descrita em números e estatísticas, mas da comoção revoltada diante do sofrimento injusto estampado no rosto de crianças e de idosos.

A proximidade com os dramas vividos pelos pobres provoca indignação e revolta que não conseguem concretizar-se em ações que removam tal situação. Pois esta última é *complexa* por resultar de muitas causas de cunho cultural, social, econômico, histórico, religioso. Em nossos dias, o fenômeno se vê agravado pelas multinacionais, pela globalização econômica, pelas forças invisíveis do mercado, fatores que limitam muito o alcance transformador das instâncias políticas mais conscientes. De fato, na atualidade a instância política se encontra enfraquecida pela hegemonia da economia.

Este fato não deveria intimidar o cristão a ponto de coibir-lhe qualquer tomada de decisão ou qualquer ação, já que iria contra sua própria consciência. Pois ele sabe que a *completa e perfeita* erradicação dos pobres e dos sofrimentos humanos se dará somente na outra vida com Deus. Entretanto, esta outra vida não prescinde da história da humanidade, pois ela assume e leva à perfeição todas as ações provindas da caridade fraterna juntamente com tudo que conseguiram transformar na humanidade, com tudo o que significou mais amor, mais vida, mais dignidade, mais fraternidade. Neste sentido, embora de modo aparentemente ineficaz, cada iniciativa destas não deixou de influenciar a história humana, ao incentivar outros e mesmo fortalecer a fé cristã de seu próprio autor.

Embora a opção preferencial pelos pobres possa receber concretizações das mais diversas, dependendo da realidade existencial, profissional, geográfica, ou cultural de cada um, sempre admirei aqueles que generosamente foram *viver entre os pobres*, ou mesmo que concentraram suas vidas na assistência aos mais desfavorecidos. Nem sempre conhecidos, reconhecidos ou mesmo valorizados pela Igreja institucional, olhados mesmo com desconfiança e suspeita por algumas autoridades eclesiásticas mal informadas ou desafiadas pela sobriedade de suas vidas, eles e elas se mantiveram fiéis ao teor de vida do Mestre de Nazaré. Suas espiritualidades ou suas reflexões teológicas, na simplicidade da linguagem, são mais profundas e verdadeiras do que outras mais eruditas ou acadêmicas. Pois sua *ótica de leitura* da revelação de Deus se identifica mais com a ótica divina manifestada em Jesus Cristo.

Por outro lado, não podemos cair num "evangelismo" que imaginasse a Igreja na pobreza e na simplicidade de vida de seu fundador. Mas certamente a enorme transformação ocorrida no século IV iria exercer forte influência na dimensão institucional da Igreja. Os bispos e os sacerdotes ganharam status correspondentes aos da sociedade civil. Daí os títulos correspondentes, os palácios, as honras, o padrão de vida, que terminaram gerando uma classe social à parte, a *classe clerical*, com privilégios e poderes que acabarão ocasionando grande decadência na Igreja. Em nossos dias, o Papa Francisco experimenta quão difícil é erradicar mentalidades e hábitos centenários. Daí se encontrar no clero a principal resistência a seus esforços de reforma.

Entretanto, a difícil tarefa de governar uma instituição que conta com mais de um bilhão de membros e que, consequentemente, necessita de um centro administrativo à altura, exige a presença de pessoas capacitadas e a utilização de instrumentos requeridos para uma *gestão eficaz*. Igualmente muitas outras obras a cargo da Igreja, como escolas, asilos, hospitais, universidades, solicitam recursos para fazer frente às despesas cotidianas. Então desaparece o ideal evangélico?

A resposta deve ser negativa. Pois sempre é possível conservar uma vida austera e simples sem renunciar ao uso dos meios necessários para a missão do Reino de Deus: viagens, formação cultural, habitação e alimentação condizentes etc. Importante aqui é não ceder à tentação de usufruir indevidamente das *vantagens do cargo* em proveito pessoal, como infelizmente observamos em certos políticos e governantes, inclusive em alguns hierarcas eclesiásticos. A Igreja, para não perder sua credibilidade, deve ser "uma Igreja pobre para os pobres" (EG 198), na qual eles se sintam em casa e não, como acontece às vezes, intimidados e humilhados pelo ambiente e pelo modo como são tratados.

Hoje costumamos ouvir que os pobres nos evangelizam. E aqueles que dão o passo e deles se aproximam confirmam esta verdade. Recebem mais do que pensavam que iam dar. É notório que certos valores (honestidade, solidariedade etc.), bastante desgastados na atual sociedade, ainda podem ser encontrados *mais facilmente* nas camadas mais simples da população, sem negar a presença também do egoísmo em seu meio. Costuma ser bastante louvada a fé dos mais simples dirigida sem maiores problemáticas à transcendência de Deus numa cultura secularizada e imanente, fato este confirmado pelos agentes pastorais do meio popular.

Uma das mais felizes e fecundas iniciativas da Igreja latino-americana na era pós-conciliar, sob a inspiração do Espírito Santo, foram as *Comunidades Eclesiais de Base*. Nelas uma série de anseios e metas propostas pelos padres conciliares puderam se tornar realidade. Assim o conceito de povo de Deus, de um laicato ativo e missionário, de uma maior participação de todos na comunidade eclesial, de celebrações inculturadas, de protagonismo social pela justiça, enfim, da união entre fé e vida, estava presente em graus diversos nestas comunidades. Sabemos que as mesmas acabaram inspirando criações semelhantes em diversos continentes. As dioceses que as mantiveram, apesar da desconfiança das autoridades romanas, são aquelas nas quais os movimentos pentecostais puderam conseguir as menores conquistas. Nas demais que as eliminaram, sobreveio a ausência de uma presença eclesial forte, agravada pela escassez de clero, que possibilitou grande expansão de comunidades pentecostais.

Embora não tenha realizado o desejo de uma minoria por uma Igreja pobre, o Concílio Vaticano estimulou os bispos a se voltarem para a sociedade na qual viviam e evangelizavam. Em Medellín, os bispos latino-americanos se voltaram, então, para a dramática realidade deste continente, constatando que a grande maioria dos católicos era das classes mais pobres, vivendo em meio a sofrimentos e injustiças. Daí nasceu toda uma *nova sensibilidade social*, que se concretizou em iniciativas concretas e numa nova maneira de se pensar a fé cristã, isto é, na perspectiva dos pobres. Daqui nasceram as teologias e as espiritualidades da *libertação*.

Sem dúvida alguma, constitui uma reflexão sobre a fé cristã bem mais próxima do que viveu e ensinou Jesus Cristo. O novo clima eclesial provocou, como já era de esperar, *reações* da parte de governos autoritários, sendo então perseguidos, presos, e assassinados muitos cristãos, bispos, padres, leigos e leigas, operários e camponeses. Uma autêntica época de mártires da fé, boa parte deles anônimos.

No fundo a mensagem em favor dos pobres vivida e proclamada por Jesus ganha novas dimensões, quando lida na *perspectiva* aberta pelas ciências históricas, sociológicas e econômicas atuais. Pois é então evidente que a atual situação não provém de Deus, mas resulta do próprio egoísmo humano, que cria ideologias justificadoras e estruturas sociais geradoras de pobreza. Pertence assim à dimensão social da fé cristã não só acudir e dar assistência aos necessitados, como se fez no passado, mas também combater as causas das injustiças e misérias atuais. Não cabe dúvida que o *imperativo político* é inerente à autêntica caridade cristã, qualquer que seja sua modalidade de ação, voto consciente, iniciativas de conscientização ou ações a partir de seu campo de trabalho.

E, contudo, a mensagem de Jesus permanece como um sério desafio a todos nós. Como *nos custa* viver uma vida mais simples, cortando o supérfluo que apenas alimenta nossa vaidade, nosso individualismo, nosso prestígio, nossa ânsia de novidade e de prazer. A dolorosa experiência de uma pandemia nos demonstra como podemos viver de outro modo, e como esbanjamos bens que são necessários para nossos semelhantes mais pobres!

Rua Dona Inácia Uchoa, 62
04110-020 – São Paulo – SP (Brasil)
Tel.: (11) 2125-3500
http://www.paulinas.com.br – editora@paulinas.com.br
Telemarketing e SAC: 0800-7010081